Edward T. Bristol-Alagbariya

Rozwój przemysłu naftowego i środowisko w stanie Rivers w Nigerii

Edward T. Bristol-Alagbariya

Rozwój przemysłu naftowego i środowisko w stanie Rivers w Nigerii

Wyniki raportu UNEP na temat Ogonilandu, norm regulacyjnych dotyczących środowiska oraz przepisów i praktyk w zakresie zrównoważonego rozwoju

Wydawnictwo Bezkresy Wiedzy

Imprint

Cover image: www.ingimage.com

Publisher:
Wydawnictwo Bezkresy Wiedzy
is a trademark of
International Book Market Service Ltd., member of OmniScriptum Publishing Group
17 Meldrum Street, Beau Bassin 71504, Mauritius

Printed at: see last page
ISBN: 978-620-0-81037-3

Rozwój ropy naftowej i środowisko naturalne w stanie Rzeki Nigeria

Fallouts of the UNEP Report on Ogoniland, Environmental Regulatory Standards & Sustainable Development Laws & Practices (Ustawy i praktyki dotyczące ochrony środowiska i zrównoważonego rozwoju)

Edward T. Bristol-Alagbariya

Przedmowa **profesora Marii Rosario Partidario**

&

Wprowadzenie: **Profesor Yinka Omorogbe**

Spis treści

ABBREVIATIONS

ACHPR Afrykańska Karta Praw Człowieka i Ludów/Afrykańska Komisja Praw Człowieka i Ludów

Stowarzyszenie AEIAN na rzecz oceny oddziaływania na środowisko w Nigerii

AHRLR African Human Rights Law Report

Anor Kolejny

Arb. Trib. Trybunał Arbitrażowy

Unia Afrykańska UA

B Benin City

Bcf/d Stopy sześcienne na dzień (tj. standardowe stopy sześcienne na dzień)

BCOT Shell Bonny Terminal Ropy Naftowej

BGOT Shell Bonny Terminal Ropy i Gazu

BGT Transport Gazu Bonny

BLNG Mosiądz Skroplony gaz ziemny

BPL Belemaoil Producing Limited

C/f Porównaj

Rozdział Cap

CD Rozwój Wspólnoty

Centrum CEPMLP ds. ropy naftowej i minerałów Prawo i polityka energetyczna

Centrum Praw Gospodarczych i Społecznych CESR

CH4 Metan

CO2 Dwutlenek węgla

COMINCO Skonsolidowane Przedsiębiorstwo Górniczo-Hutnicze

COR Cross-River-Ogoja

CS Garnitur cywilny

CSR Społeczna odpowiedzialność biznesu

DDR Rozbrojenie, demobilizacja i reintegracja

Departament Zasobów Ropy Naftowej DPRD

Wydział Technologii, Przemysłu i Ekonomii DTIE

DUP Dundee University Press

EA Ocena oddziaływania na środowisko

Inicjatywa ECI Earth Charter Initiative/Earth Charter International

Redaktor (redakcja redakcji)

Ocena oddziaływania na środowisko EIA

Europejski nakaz dochodzeniowy dla zakładów przemysłowych prowadzących działalność wydobywczą

Engr Engineer

Agencja Ochrony Środowiska EPA

Przegląd ustawy o ochronie środowiska i planowaniu EPLR

ERA Działania na rzecz praw środowiska naturalnego

ESHRG Środowisko, społeczeństwo, prawa człowieka i płeć

et al i inni

FEPA Federalna Agencja Ochrony Środowiska

Rząd federalny FG

FGN Rząd federalny Nigerii

FHCFederal High Court

FMEnv	Federalne Ministerstwo Środowiska
FoE	Przyjaciele Ziemi
FRN	Federalna Republika Nigerii
	Cotygodniowe raporty prawne Federacji FWLR
PKB	Produkt krajowy brutto
GG	Dobre zarządzanie
GGFR	Global Gas Flaring Reduction Partnership
	System Przesyłania Gazu GTS
HMSO	Biuro Materiałów piśmiennych Jej Królewskiej Mości
	Honorowy. Honorowy.
HSN	Towarzystwo Historyczne Nigerii
	Projekt rekultywacji HYPREP w zakresie zanieczyszczenia węglowodorami (Hydrocarbon Pollution Restoration Project)
	Ocena wpływu
IBA	Impact and Benefit Agreement lub Impact Benefit Agreement/International Bar Association
IBA	International Bar Association
IBRD	International Bank for Reconstruction and Development (Bank Światowy)
ICE	Institution of Civil Engineers
	Międzynarodowa Organizacja Pozarządowa INGO
	Instytut Studiów nad Ropą Naftową IPS
	Promieniowanie podczerwone (światło podczerwone/promieniowanie podczerwone)
IUCN	Międzynarodowa Unia Ochrony Przyrody (tj. Światowa Unia Ochrony Przyrody)

Wspólne przedsięwzięcie JV

Ustawy LFN Federacji Nigerii

LGA Obszar samorządowy (LGAs Local Government Areas)

LNG Skroplony gaz ziemny

Ltd Limited

MIT Massachusetts Institute of Technology

MNOCs Multinational Petroleum (Oil and Gas) Companies

Protokół ustaleń

MPL Moni Pulo Limited

MTPA Milion ton rocznie

N2O Podtlenek azotu

NAS Nigeryjska Akademia Nauk

NBA Nigeryjska Izba Adwokacka

Krajowa strategia ochrony NCS (National Conservation Strategy - NCS National Conservation Strategies)

Kongres Delty NDC Nigru

Rada Rozwoju Delty Nigru NDDB

NDDC Niger Delta Development Commission

Badanie środowiskowe w delcie Nigru NDES

NDRBDA Agencja Rozwoju Dorzecza Delty Nigru

Ustawa o Narodowej Polityce Środowiskowej NEPA

NEPAD Nowe partnerstwo na rzecz rozwoju Afryki

NLNG Nigeria LNG Limited

NMA Nigeryjska Agencja Meteorologiczna

Rada Rozwoju Delty Nigru NNDB

NNPC Nigerian National Petroleum Corporation

Nie. Numer

NWLR Nigeryjskie Tygodniowe Raporty Prawne

Zezwolenie na poszukiwanie ropy naftowej OEL

Zezwolenia serwisowe OGISP dla przemysłu naftowego i gazowego

OK LNG Olokola Skroplony gaz ziemny

Strefa Wolnego Handlu OKFTZ Olokola

OMPADEC Komisja Rozwoju Obszarów Produkcji Minerałów Ropy Naftowej OMPADEC

Koncesja na poszukiwanie ropy naftowej OPL

p. strona (str.)

Zasada "PPP Polluter Pays

3P+ Zasada Zapobiegania Zanieczyszczeniom Pays

Polityki, plany i programy PPP (w tym projekty)

część

PTF Petroleum (Specjalny) Fundusz Powierniczy

RBDA Urząd Rozwoju Dorzeczy Rzeki

RCPC Rivers Chiefs and Peoples' Conference

RECIEL Przegląd wspólnotowego i międzynarodowego prawa ochrony środowiska

Wielebny.

Wniosek o RFP

	Raport RIAA w sprawie międzynarodowych nagród arbitrażowych
	Państwowy Ekonomiczny Komitet Doradczy RSEAC Rzeki
RSUST	Rivers State University of Science and Technology (obecnie znany jako Rivers State University)
Rt.	Right
SAM	Model oceny strategicznej
SAN	Senior Advocate z Nigerii
SCD	Zrównoważony rozwój Wspólnoty
SCP	Zrównoważona konsumpcja i produkcja
SD	Zrównoważony rozwój
	Wskaźnik SDI (SDI SD Indicator)
SDNY	Southern District of New York
	Strategiczna ocena oddziaływania na środowisko SEA
SEDCOSND	Rozwój społeczno-gospodarczy państw nadbrzeżnych Delty Nigru
	Ocena skutków społecznych SIA
MŚP	Małe i średnie przedsiębiorstwa
SML	Ship Management Limited
SMM	Southern Minorities Movement
SPDC	The Shell Petroleum Development Company Nigeria Ltd
SSRN	Social Science Research Network
Tcf	Trillion (standard) stóp sześciennych
	Komitet techniczny TCND ds. delty Nigru
Tex.	Texas .

TNOCs	Transnational Oil and Gas Companies
UBC	University of British Columbia
	Powszechna Deklaracja Praw Człowieka UDHR
	Milenijne cele rozwoju ONZ Milenijne cele rozwoju ONZ
GWS ONZ	Cele ONZ w zakresie zrównoważonego rozwoju
	Program Narodów Zjednoczonych ds. Rozwoju UNDP
	Europejska Komisja Gospodarcza ONZ EKG ONZ
	Program Ochrony Środowiska Narodów Zjednoczonych UNEP
	Zgromadzenie Ogólne ONZ ONZ
	Uniwersytet UNIPORT w Port Harcourt
	Zasada płatności użytkownika UPP
USA/USA Stany Zjednoczone	Ameryki Północnej
USD	Dolar amerykański
WCEDWorld	Commission on Environment and Development
	Światowa strategia ochrony WCS
	Światowe Stowarzyszenie Medyczne WMA
WMI	Whitehorse Mining Initiative
WWF	World Wildlife Fund

DYDYKACJA

Wszystkim organizacjom i osobom działającym na rzecz ochrony środowiska w ramach realizacji polityki rozwoju społeczno-gospodarczego, planów, programów i projektów na rzecz zrównoważonego rozwoju na całym świecie, poprzez zapewnienie trwałego dobrobytu ludzioraz zachowanie żywotności i różnorodności naszej wspólnej planety Ziemi.

I do Aborygenów: Osunju Alagbariye, księżniczki koronnej Osunju Alagbariye i Ogbolo Asimini z bogatego w ropę naftową regionu Delty Nigerii, Starożytnego Wielkiego Królestwa Bonny. *

* Są to dziewice i aborygeńskie księżniczki koronne, które zostały ofiarowane jako jagnięta ofiarne, odpowiednio, bóstwom słodkowodnym i słonowodnym Starożytnego Królestwa Bonny'ego, wkrótce po założeniu Królestwa przez ich ojców, aborygeńskiego króla i premiera arcykapłana Alagbariye i aborygeńskiego króla Asiminiego. Podczas gdy aborygeńska księżniczka koronna Osunju Alagbariye została zaoferowana jako taka w celu osiągnięcia pokoju i dobrej wody pitnej w Bonny, aborygeńska księżniczka koronna Ogbolo Asimini została zaoferowana z drugiej strony w celu poszerzenia ujścia rzeki Bonny dla celów handlu zagranicznego, obecnie eksportując zasoby ropy naftowej (który nadal trwa) z Nigerii do kilku krajów będących konsumentami ropy i gazu. W związku z tym czerpanie korzyści z obecnego handlu zagranicznego ropą naftową w Starożytnym Królestwie Bonny, bez uznania tych ofiarnych jagniąt i ich dziedzictwa, kwalifikuje się tak samo jak handel krwią naftową i gazem w Nigerii.

PODZIĘKOWANIA

Biorąc pod uwagę, że niniejsza monografia jest wkładem do wiedzy, a tym samym aspektem mojej odpowiedzialności jako wykładowcy na Uniwersytecie Port Harcourt (UNIPORT), chciałbym przede wszystkim podziękować moim kolegom z Wydziału Prawa i Wydziału Dyplomacji Katedry Historii i Studiów Dyplomatycznych Wydziału Humanistycznego UNIPORT, za zapewnienie mi sprzyjającego środowiska do podejmowania badań naukowych. Ibibia Lucky Worika (dziekan Wydziału Prawa), K. S. A. Ebeku (dziekan Wydziału Prawa) oraz Femi Shaka (dziekan Wydziału Humanistycznego), w tym emerytowany profesor E., za umożliwienie mi podejmowania badań naukowych. J. Alagoa i profesorowie O. A. Muzan, J. H. Enemugwem, B. B. Naanen, A. Orugbani, A. A. Derefaka, A. M. Okorobia i dr Emmanuel Obuah; wszyscy z UNIPORTU. Inni to profesor N. E. S. Lale (wicekanclerz), profesor Hekeem Babatunde Fawehinmi (wicekanclerz naukowy), profesor J. A. Ajienka (natychmiastowy wicekanclerz) i profesor Wumi Iledare; wszyscy również z UNIPORTU.

Nie można zapomnieć o profesorze Marii Rosario Partidario, który łaskawie napisał przedmowę monografii, i profesorze Yince Omorogbe, który uprzejmie napisał wstęp.

Pozostali to profesorowie O.M. Ndimele, N. S. Okogbule i O. V. C. Okene, w tym profesor stowarzyszony (Dr) Kato Gogo Kingston, Dr C. T. Emejuru i Hon. Barrister Emmanuel Ihuoma Okah, a także profesor Anne-Michelle Slater ze School of Law, University of Aberdeen, Scotland, United Kingdom. Dziękuję również pozostałym moim kolegom, którzy uczą i nie uczą pracowników Wydziału Prawa UNIPORT, za ich wsparcie i zachętę.

Dziękuję szczególnie Sir (Dr) & Lady T. A. T. Allison, Lady Roseline Efolomo John, Boma Michael Jumbo, Engr Kingston Mc Greene, Engr Hamilton Kurubo Bristol-Alagbariya, Engr Dagogo Asemeyibo Henry Buowari-Brown, Elder Obuibi D. Brown, Reginald Ayi Cross Brown, Elliott D. Dublin-Green, Rev. Harold Fubara Bristol-Alagbariya, Rev. Fawariderima Gbembo Bristol-Alagbariya, Fred Idanye Bristol-Alagbariya, Ama-Opu-Orubo Ibifiri Ere Bristol-Alagbariya, Madam Violet Bristol-Alagbariya, Mrs Mabel Wilcox, ThankGod Echikwa, Josephine Uche-Nzekwe and the Elders, Główni i wszyscy członkowie rodziny królewskiej Bristol-Alagbarigha (założycielka Grand Bonny ["Okoloamakoromabo"], oraz powiernicy i wszyscy członkowie "Duawaris" (założycielka i członkini "Duawaris"). Rdzennych Domów Królewskich)

Wielkiego Królestwa Bonny'ego ("Okoloamakoromabo"), oraz powierników i całych członków "Duawaris" (Założyciela & Aboriginal Royal Houses). Reszta to Femi Falana, SAN, & Barrister (Pani) Funmi Falana, Barristers Ifeanyi Maduabuchi i Ikpe Imeh oraz emerytowany Rt. Rev. & Mrs Gabriel Pepple, Rt. Rev. & Mrs. R. C. Ebirien, jak również czcigodny Richard Ibituru Hart, Rev. Canon Umorami S. Azery, ks. kanon obiecuje Jaja, ks. ojciec E. Bestman, Eze & Rev. (Pani) Nwaizu, oraz pastor A. O. Williams, za ich niezmierzone i konsekwentne wsparcie.

Nie byłbym w stanie ukończyć tej żmudnej nauki bez monumentalnych poświęceń, motywacji i wsparcia mojej ukochanej żony, Tumini, i moich ukochanych dzieci, Lauretty Aribim, Davida Bereibo i Michaela Asembo-Ilowi.

Przede wszystkim wyrażam swoje wieczne zadłużenie, wdzięczność i uznanie dla źródła wszelkiej mądrości, Boga Wszechmogącego, za Jego nieskończoną miłość, łaskę i miłosierdzie.

FOREWORD

Praca ta omawia środowisko naturalne w bogatym w ropę naftową regionie Delty Nigru w kontekście "jednego środowiska globalnego" oraz koncepcję "wspólnej przyszłości" całej społeczności globalnej. Próbuje się pokazać, że z punktu widzenia bieżących wysiłków ONZ na rzecz zrównoważonego rozwoju, dominującą koncepcją środowiskajest "korzystne środowisko", które powinno rządzić działaniami na rzecz rozwoju ropy naftowej i innych głównych zasobów naturalnych w bogatym w ropę naftową regionie Delty Nigru i w całej Federalnej Republice Nigerii.

Dr Edward T. Bristol-Alagbariya analizuje tutaj raport UNEP z 2011 r. w sprawie oceny oddziaływania na środowisko naturalne Ogonilandu, a także zajmuje się oceną oddziaływania na środowisko w odniesieniu do działań związanych z rozwojem zasobów ropy naftowej oraz rosnącą potrzebą odpowiedniej ochrony środowiska i zarządzania nim w Nigerii. Autor rekomenduje potrzebę formalnej instytucjonalizacji Strategicznej Oceny Oddziaływania na Środowisko jako instrumentu zarządzania środowiskowego, który może znacząco przyczynić się do wysiłków na rzecz zrównoważonego rozwoju w Nigerii. W swoich opracowaniach wskazuje on, że postęp w zakresie międzynarodowych środków zarządzania środowiskiem, ewoluujący w stosunku do systemu ONZ, wpływa na zarządzanie środowiskiem w krajach świata, gdzie sposoby postępowania i praktyki prawa miękkiego są przekształcane w prawo twarde, które ma na celu poprawę dobrobytu ludzi i ochronę przyrody w ogóle, w dążeniu do bardziej zrównoważonego systemu polityki, planów i programówrozwoju.

Dr Bristol-Alagbariya podkreśla, że jeżeli polityka rozwoju społeczno-gospodarczego, plany i programy nie zostaną wdrożone w sposób, który zapewniłby witalność, różnorodność i produktywnośćzasobów naturalnych , co powinno mieć pozytywny wpływ na źródła utrzymania społeczności dysponujących zasobami, przyszłość ludzkości będzie zagrożona.

Powtarza, że dobre rządy i zrównoważony rozwój są ze sobą powiązane. Podkreśla, że również rządy są w pierwszym rzędzie odpowiedzialne za rozwój swoich krajów i osiągnięcie w nich zrównoważonego rozwoju; w związku z tym przypadek Nigerii nie jest wyjątkiem. Biorąc pod uwagę, że w ostatecznym rozrachunku zrównoważony rozwój musi opierać się na woli politycznej, w książce powtórzono, że armia i szczeble rządowe w Nigerii oraz ich odpowiednie organy i agencje powinny być bardziej przytomne i żywe, aby przyczynić się do wzmocnienia powstających mechanizmów zarządzania środowiskiem i innych powstających ram i praktyk ukierunkowanych na zrównoważony rozwój na całym świecie.

Wniósł on do tegoukierunkowanego na zrównoważony rozwój dyskursu na temat ropy naftowej i innych głównych operacji rozwoju zasobów naturalnych w Nigerii, wszczególności w odniesieniu do obecnych wyzwań związanych z solidnym, zrównoważonym i sprawiedliwym sposobem prowadzenia tych operacji rozwoju zasobów w Ogonilandzie, pozostałej części stanu Rivers i innych obszarach bogatego w ropę naftową regionu Delty.

Książka ta nie tylko zachęca do podążania ścieżką zrównoważonego rozwoju, ale także dotyczy wszystkich głównych zasobów naturalnych- bogatych krajów rozwijających się, gdzie środowisko naturalne jest poważnie zdegradowane,a ekosystemy odpowiednio zniszczone; dlatego też potrzeba zachęcania do korzystania z dobroczynnego środowiska jest obecnie w tych krajach bardzo istotna i pilniejsza niż kiedykolwiek wcześniej w historii. Dlatego też zdecydowanie polecam tę książkę nie tylko bogatym w ropę naftową mniejszościom etnicznym w regionie Delty Nigru, ale także całej Republice Federalnej Nigerii, zwłaszcza mężom stanu, rządowym organom regulacyjnym, grupom interesującym się rozwojem zasobów, decydentom politycznym, naukowcomi studentom w Nigerii i innych częściach świata.

Profesor Maria Rosario Partidario, profesor Strategicznej Oceny Środowiska i Zrównoważonego Rozwoju, Wydział Inżynierii i Architektury Lądowej, IST - Instituto Superior Técnico, Lizbona, Portugalia.

WPROWADZENIE

W pewnym sensie niniejsza monografia przedstawia historyczno-prawną perspektywę poszukiwań i rozwoju ropy naftowej w stanie Rivers w Nigerii, wspecyficznym kontekście negatywnego wpływu działalności przemysłu naftowego na środowisko naturalne. Negatywny wpływ przemysłu naftowego na środowisko naturalne regionu Delty Nigerii, w którym znajduje się rzeka Rivers, jest dobrze znany, chociażby dzięki spektakularnym zdjęciom, które obficie pojawiają się w Internecie i pokazują ogromne zniszczenia w całym regionie Delty. Takie zdjęcia mogą jedynie napełnić przeciętnego człowieka przerażeniem, szczególnie na tle stosunkowo powolnych działań mających na celu naprawę i ochronę tego środowiska, z którego pochodzi większość ropy naftowej w Nigerii. Tragedia ta pogłębia się jeszcze bardziej, gdy weźmiemy pod uwagę, że takie spustoszenie środowiska naturalnego nadal istnieje trzydzieści lat po opublikowaniu raportu Brundtlanda "*Nasza wspólna przyszłość*",który ustanowił obecną globalną agendę ochrony środowiska naturalnego Ziemi i jasno określił koncepcję zrównoważonego rozwoju, która postrzega środowisko naturalne jako dobro, które ma być wykorzystane przez obecne pokolenie bez narażania zdrowia i przyszłości przyszłych pokoleń.

Oczywiste jest, że dr Edward T. Bristol-Alagbariya, jako wybitny syn stanu Rivers i uznany prawnik specjalizujący się w sprawach ochrony środowiska, ma na celu pozytywny wpływ na ochronę swojej ojczyzny,nalegając na uświadomienie sobie, że traktowanie środowiska naturalnego powinno być zawsze oparte na potrzebie zrównoważonego rozwoju, co woli stwierdzić bardziej w kontekście koncepcji "korzystnego środowiska", która obejmuje również środowisko zbudowane. Jest to podejście, któremu purysta środowiskowy może się sprzeciwiać, ponieważ środowisko zbudowane uznaje, a nawet obejmuje interwencje człowieka,które purysta uznałby za szkodliwe dla środowiska naturalnego, ale które w ramach tego podejścia są postrzegane jako sprzyjające rozwojowi. Podejścia tego należy się prawdopodobnie spodziewać, jako pragmatycznego rozwiązania dla kraju takiego jak Nigeria, który potrzebuje zrównoważonego rozwoju, chroniącego środowisko naturalne, nawet jeśli promuje badania i rozwój, oraz tak bardzo potrzebne źródła dochodów, od których Nigeria jest uzależniona od dziesięcioleci. Jest to delikatna, ale nie niemożliwa do osiągnięcia równowaga.

Studium bada również niekorzystne skutki działań związanych z zagospodarowaniem zasobów ropy naftowej w stanie Rivers i innych obszarach bogatego w ropę regionu Delty, które zostały pogłębione przez ogólne zlekceważenie ocen oddziaływania na środowisko w Nigerii. Zły stan środowiska naturalnego, o którym świadczy raport Programu Narodów Zjednoczonych ds. Ochrony Środowiska (UNEP) z 2011 roku w sprawie oceny oddziaływania na środowisko naturalne Ogonilandu, został podkreślony w niniejszej monografii,podobnie jak inne podstawowe zagadnienie tego regionu - formuła podziału podatkowego, która utrzymuje większość dochodów z zasobów w centrum, ze szkodą dla stanów, które musiały ponieść ciężar działalności związanej z ropą naftową. Doprowadziło to do powszechnego ruchu w kierunku federalizmu podatkowego w delcie Nigru, co stanowi istotę terminu "kontrola zasobów", który jest regularnie używany w Nigerii od około dwóch dekad. To właśnie w tym kontekście monografia jest echem tego, co dr Bristol-Alagbariya nazywa ciągłym wzburzaniem się mieszkańców regionu Delty w celu formalnego uznania ich za głównych interesariuszy rozwoju zasobów ropy naftowej w Nigerii. Co ciekawe, na marginesie, nie wyjaśnia on porównawczego milczenia na temat kontroli nad zasobami z tego regionu; oraz niepowodzenia rządu federalnego w naprawieniu wszelkich krzywd w okresie, gdy centrum było kontrolowane przez kogoś z tego samego regionu. Jest to coś, co być może poruszy on w kolejnych publikacjach.

W przeciwieństwie do powyższego, ta praca naukowa opowiada się za odpowiedzialnymi wzorcami produkcji i konsumpcji w całym kraju. Podkreślono w niej również konieczność prowadzenia działań na rzecz rozwoju społeczno-gospodarczego z należytym uwzględnieniem odpowiedniej ochrony i zachowania środowiska naturalnego, w celu osiągnięcia zrównoważonego rozwoju, wskazując, że postępowanie w przeciwnym razie stanowi zagrożenie dla planety i zagraża przyszłości ludzkości.

W badaniu słusznie podkreślono, że dobre rządy i zrównoważony rozwój są ze sobą powiązane, że to rządy są przede wszystkim odpowiedzialne za zrównoważony rozwój swoich krajów i że Nigeria nie powinna być wyjątkiem. Zaleca się w nim, aby poszczególne szczeble władzy w Nigerii opracowały politykę, prawa i strategie zgodne z powstającymi globalnymi standardami i praktykami, którym przewodzi ONZ. Z pewnością monografia jest interesującą i naukowo przeczytaną monografią, która wnosi użyteczny wkład w poznanie przecięcia między prawem i polityką naftową i środowiskową oraz zrównoważonym rozwojem.

Profesor Yinka Omorogbe, *profesor prawa energetycznego; oraz szanowny prokurator generalny i komisarz ds. sprawiedliwości, stan Edo, Nigeria.*

ZWIĘZŁY OPIS MONOGRAFII

Niniejsza monografia omawia środowisko naturalne w bogatej w ropę naftową delcie Nigru w kontekście "jednego środowiska globalnego" i "wspólnej przyszłości" całej ludzkości i całej społeczności globalnej.

Omówiono w nim naturalne i zbudowane sfery środowiska,a także zwrócono uwagę na przybrzeżne i kontynentalne części środowiska w Rivers State wNigerii. Podkreśla się w nim, że przeważająca koncepcja środowiska, w kontekście bieżących wysiłków ONZ na rzecz osiągnięcia zrównoważonego rozwoju, to "korzystne środowisko", które powinno rządzić działaniami na rzecz rozwoju ropy naftowej i innych głównych zasobów naturalnych w bogatej w ropę naftową mniejszości etnicznej regionu Delt Nigerii i całej Federalnej Republiki Nigerii.

W ramach prac analizuje się niekorzystne skutki działań na rzecz rozwoju zasobów ropy naftowej w stanie Rivers i innych obszarach bogatego w ropę naftową regionu Delty Nigru na tle utrzymującej się marginalizacji i zaniedbań ludności i społeczności tego regionu w trakcie budowy państwa w Nigerii, co doprowadziło do powstania ruchu kontroli zasobów i nadal podkreśla się potrzebę ugruntowania prawdziwego federalizmu, wszczególności prawdziwego federalizmu podatkowego i prawdziwej demokracji w Nigerii. To właśnie w tym kontekście prace podkreślają nieustanne wzburzenie mieszkańców regionu Delt w celu formalnego uznania ich za główne zainteresowane strony nigeryjskiego biznesu rozwoju zasobów naftowych, które mają z tego tytułu prawa korelacyjne.

Ponadto w sprawozdaniu tym przedstawiono sprawozdanie UNEP z 2011 r. dotyczące oceny oddziaływania na środowisko naturalne Ogonilandu wraz z naruszeniami praw gospodarczych, społecznych i kulturowych, a także naruszeniem praw człowieka i środowiskowych ludności Ogonilandu oraz innych obszarów bogatego w ropę naftową regionu etnicznych delt w Nigerii przez wsteczne siły rządowe i MNOC w Nigerii. Zaleca ona formalną instytucjonalizację strategicznej oceny oddziaływania na środowisko (SEA) oraz ogólnej oceny strategicznej (SA) wcelu zwiększenia skuteczności wdrażania polityki, planów i programów (PPP)oraz zarządzania środowiskiem i dobrobytu ludzi w Ogonilandzie i innych częściach Delty Nigru i Nigerii. Opowiada się ona za strategiczną oceną oddziaływania na środowisko i ogólną oceną oddziaływania na środowisko partnerstw publiczno-prywatnych, jako szerszych i bardziej kompleksowych modeli systematycznego wspierania lub pobudzania decyzji, które mają na celu wspieranie zarządzania środowiskiem i wysiłków na rzecz rozwoju zrównoważonego w Nigerii, w szczególności zrównoważonego rozwoju społeczności Ogonilandu, pozostałej części bogatego w ropę naftową regionu etnicznych delt Nigru oraz całej Nigerii.

Badanie ocenia szkodliwy i niezrównoważony sposób rozwoju ropy naftowej oraz inne niezrównoważone modele produkcji i konsumpcji, generujące emisję dwutlenku węgla i innych gazów cieplarnianych, które degradują, niszczą i niszczą środowisko i ekosystemy w stanie Rivers i innych stanach bogatego w ropę naftową regionu Delty Nigru. W tym kontekście w pracach opowiedziano się za odpowiedzialnymi wzorcami produkcji i konsumpcji w regionie Delt oraz w pozostałej części Federalnej Republiki Nigerii poprzez takie środki, jak mądre wykorzystanie zasobów naturalnych w celu zapewnienia skutecznej ochrony, zarządzania i zachowania środowiska naturalnego, aby wspomóc zarządzanie środowiskiem i inne strategie Nigerii ukierunkowane na rozwój zrównoważony, które obejmują wykorzystanie odnawialnych źródeł energii, które powodują mniejsze szkody dla środowiska i rozwoju zrównoważonego.

Podkreśla się w nim, że dobre rządy (GG) i SD są ze sobą powiązane, a zatem podkreśla się potrzebę przekształcenia przeważającej w Nigerii"klątwy zasobów" w błogosławieństwo. Zaleca ona intronizację rządu nigeryjskiego w celu promowania postępu w zakresie zarządzania środowiskiemoraz innych standardów i praktyk ukierunkowanych na rozwój zrównoważony, w ramach którego różne organy i agencje rządowe byłyby bardziej ożywione i zdolne do skutecznego pilotowania spraw kraju. Podkreśla się w nim w szczególności potrzebę przekształcenia powstających i dominujących sposobów postępowania i praktykNigerii w zakresie prawa miękkiego, zwłaszcza w zakresie zarządzania środowiskiem, ochrony zasobów naturalnych i innych powiązanych sposobów postępowania ukierunkowanych na rozwój zrównoważony, w twarde prawa i praktyki ukierunkowane na rozwój zrównoważony, zgodne z powstającymi światowymi standardami i praktykami, stopniowo propagowane przez ONZ i zgodne z nimi.

KONTEKST WPROWADZAJĄCY

Niniejsza monografia omawia koncepcję środowiska w odniesieniu do Zrównoważonego Rozwoju (SD). Określa ona środowisko i główne zasoby naturalne, którymi dysponuje stan Rivers w bogatym w ropę regionie Delty Nigerii. Przeanalizowano w niej działania na rzecz rozwoju zasobów ropy naftowej w stanie i innych stanach bogatej w ropę naftową mniejszości etnicznej regionu Delt Nigerii. It considers how Environmental Assessment (EA) may help to safeguard the environment and promote SD in the course of the resources development operations in Rivers State and other parts of the Delta region. Ocenia ona działania na rzecz rozwoju zasobów ropy naftowej w Ogonilandzie, stanie Rivers w regionie Delt, w kontekście sprawozdania Programu Narodów Zjednoczonych ds. Środowiska (UNEP) z 2011 r. dotyczącego EA Ogoniland oraz sposób, w jaki sprawozdanie to może zostać wdrożone w ogólnym interesie Ogonilandu oraz innych społeczności regionu Delt produkujących ropę naftową.

Wreszcie, w monografii zbadano, w jaki sposób działalność w zakresie rozwoju ropy naftowej wraz z innymi niezrównoważonymi modelami produkcji i konsumpcji w Nigerii może być właściwie regulowana zgodnie z powstającymi wzorcowymi standardami regulacyjnymi w zakresie ochrony środowiska i innymi środkami ukierunkowanymi na rozwój zrównoważony. Przewiduje ona konieczność skutecznego wdrożenia tych środków w celu wzmocnienia przeważających ram norm, standardów, przepisów, praw i praktyk ukierunkowanych na rozwój zrównoważony w Nigerii.

DZIAŁANIA ZWIĄZANE Z ZAGOSPODAROWANIEM ZŁÓŻ ROPY NAFTOWEJ W RZEKACH STAN

In order to constructively discuss petroleum development operations in Rivers State, it is pertinent to consider the meaning of the term 'environment' in the context of sustainable development (SD), as well as the nature of the environment in the State.

ŚRODOWISKO W KONTEKŚCIE ZRÓWNOWAŻONEGO ROZWOJU

Termin lub słowo "środowisko" ewoluowało z biegiem czasu w historii świata, opierając się na zmieniających się okolicznościach związanych z ludzkością i społeczeństwem w ogóle.[1]

Środowisko może być dokładnie uznane za "wszystko to, co jest zewnętrzne w stosunku do pojedynczego ludzkiego żywiciela".[2] Można je szeroko opisać jako otoczenie, warunki i/lub okoliczności, w których jednostki (tj. ludzkość), zwierzęta lub rośliny istnieją, żyją, działają, a także walczą o przetrwanie lub rozwój.[3] Środowisko można również opisać jako środowisko naturalne (tj. fizyczne) oraz środowisko zbudowane.[4]

Środowisko naturalne to takie, na które ludzkość nie miała wpływu ani nie zmieniła go; obejmuje ono wszystkie żywe i nieożywione rzeczy na planecie Ziemi. W odróżnieniu od środowiska naturalnego, środowisko zbudowane odnosi się do każdego stworzonego przez człowieka, zaprojektowanego lub zmienionego miejsca, otoczenia, przestrzeni lub otoczenia, w którym ludzie żyją, pracują i bawią się na co dzień. W rezultacie, środowisko zbudowane jest dowodem na interakcję człowieka ze środowiskiem naturalnym; jest ono wynikiem ciągłych wysiłków człowieka mających na celu wspieranie i poprawę jakości życia, a zwłaszcza dobrobytu ludzkości. Odnosi się do środowiska stworzonego przez człowieka, zaprojektowanego w celu wspierania inicjatyw, działań i/lub interwencji rozwojowych człowieka. Obejmują one zasoby, struktury i infrastrukturę stworzone przez człowieka w celu wspierania podstawowych działań ludzkości oraz poprawy jej dobrostanu, jak również dobrostanu społeczeństwa. Środowisko zabudowane obejmuje budynki, drogi, parki, systemy transportowe i inne obiekty rozwojowe, takie jak zbudowane miasta i ich infrastruktura pomocnicza, w tym obiekty i/lub materiały o wartości

---

1 *Patrz* I. K. E. Ekweozor, "Ocena uprzemysłowienia i zanieczyszczenia środowiska": A Marine Biology Perspective", będący wykładem inauguracyjnym Państwowego Uniwersytetu Naukowo-Technicznego w Rivers State University of Science and Technology (RSUST), Port Harcourt, RSUST Inaugural Lecture Series No. 29, 2014, 2014, s. 4-5.

2 *Zob.* C. Dargie (red), *The Physical Environment: A Review of Trends in the Natural and Built Environment, Policy Futures for UK Health Project,* London, Nuffield Trust, 1999, s. 3.

3 *Zob.* A. Gilpin, *Dictionary of Environmental Law*, Cheltenham, Edward Elgar, 2000, s. 92. Patrz *również:* M. McCabe i B. Sadler, Environmental *Impact Assessment Training Resource Manual*, Genewa, The Economic and Trade Branch, Division of Technology, Industry and Economics (DTIE), United Nations Environment Programme (UNEP), 2002, str. 557.

4 C. Dargie (red), *The Physical Environment: A Review of Trends in the Natural and Built Environment, Policy Futures for UK Health Project*, op. *cit.*

estetycznej i znaczeniu w miastach, społecznościach, miasteczkach i społeczeństwie na całym świecie.[5]

Środowisko obejmuje warunki fizyczne, otoczenie społeczno-kulturowe, wpływy i otoczenie, w którym każda jednostka lub rzecz istnieje, żyje lub rozwija się. Te warunki, otoczenie, wpływy i otoczenie mogą być podzielone na trzy kategorie: warunki fizyczne, otoczenie, wpływy i otoczenie: a) połączenie warunków fizycznych, które wpływają i wpływają na wzrost i rozwój jednostki lub społeczności; b) warunki społeczne i kulturowe, które wpływają na charakter jednostki lub społeczności; oraz c) otoczenie obiektu nieożywionego o istotnej wartości społecznej.[6] Środowisko ludzkie obejmuje czynniki abiotyczne (tj. czynniki pozbawione życia; niepochodzące od żywych organizmów; fizyczne, a nie biologiczne) ziemi, wody, atmosfery, klimatu, dźwięku, zapachów i smaków; oraz czynniki biotyczne (tj. czynniki związane z innymi ludźmi lub organizmami żywymi, fauną,florą, ekologią, bakteriami i wirusami, a także wszystkie czynniki społeczne składające się na jakość życia. Jest to połączenie elementów, których złożone powiązania składają się na otoczenie i warunki życia jednostki i społeczeństwa, takie jakie są lub są odczuwalne.[7]

W związku z tym, biorąc pod uwagę, że termin "środowisko" obejmuje warunki fizyczne i wpływy, pod którymi lub w otoczeniu znajdują się osoby lub rzeczy, które żyją lub rozwijają się, Europejska Komisja Gospodarcza ONZ (EKG ONZ) uważa po prostu, że środowisko "dotyczy tego, co robimy w miejscu, w którym mieszkamy". W tym[8] samym duchu raport Światowej Komisji Środowiska i Rozwoju (WCED - inaczej zwany raportem Komisji Brundtlanda), zatytułowany *Nasza wspólna przyszłość*, opisuje środowisko i rozwój jako nierozłączne, biorąc pod uwagę, że środowisko jest "tam, gdzie wszyscy żyjemy"; a rozwój jest "tym, co wszyscy robimy, próbując poprawić nasz los w tym miejscu zamieszkania" (tj. tam, gdzie wszyscy żyjemy). W[9] konsekwencji, Matka Ziemia, Świat, w którym żyjemy, stanowi wspólne środowisko dla wszystkich

5 *Zob.* M. Santamouris (red.), *Energy and Climate in the Urban Built Environment*, Abingdon, Routledge, 2011. F. Seta *at al* (red), *Understanding Built Environment, 2011: Proceedings of the National Conference on Sustainable Built Environment 2015*, Singapur, Springer, 2017.

6 *Zob.* A. Gilpin, *Ocena oddziaływania na środowisko (OOŚ): Cutting Edge for the Twenty-First Century*, Cambridge, Cambridge University Press, 1995, str.1.

7 *Patrz* A. Gilpin, *Słownik Prawa Ochrony Środowiska*, *op cit.*, str. 92.

8 *Patrz* Europejska Komisja Gospodarcza ONZ (EKG ONZ), *Ochrona naszego środowiska: How environmental impact assessment can help*, New York, UNECE, 1998, s.1.

9 The World Commission on Environment and Development (WCED), *Our Common Future*, Oxford, Oxford University Press, 1987, s. xi.

żyjących i nie żyjących rzeczy, które go zamieszkują.[10] Jest to zgodne z tym, jak WCED postrzega środowisko w kontekście przeplatających się koncepcji "jednej ziemi", "jednego świata" i "jednego środowiska globalnego" *w stosunku do* "jednego wspólnego środowiska". W ten sposób Komisja omawia całą ludzkość i inne żywe i nieożywione rzeczy, jako współmieszkańców Matki Ziemi i całej globalnej społeczności.[11]

Środowisko naturalne jest zazwyczaj zdefiniowane w ustawodawstwie środowiskowym państw. Na[12] przykład, sekcja 61 nigeryjskiejustawy o ocenach oddziaływania na środowisko (EIA) z 2004 r.[13] definiuje słowo "środowisko" w następujący sposób:

> *a) ląd, wodę i powietrze, łącznie ze wszystkimi warstwami atmosfery, b) wszelką materię organiczną i nieorganiczną oraz organizmy żywe, oraz c) współdziałające systemy naturalne, które zawierają składniki, o których mowa w lit. a) i b).*

W związku z tym sekcja 37 ustawy o Krajowej Agencji Standaryzacji i Regulacji Ochrony Środowiska (NESREA) z 2007 r. definiuje środowisko jako obejmujące *wodę, powietrze, ziemię oraz wszystkie rośliny i istoty ludzkie lub zwierzęta tam żyjące, a także wzajemne powiązania, które istnieją między nimi lub między którymkolwiek z nich.*

Środowisko w kontekście zrównoważonego rozwoju: Koncepcja "korzystnego" (zdrowego i zrównoważonego ekologicznie) środowiska i dobrobytu ludzi

Powyższe definicje i opisy środowiska ujawniają, że pojęcie to wyłoniło się ze środowiska jako parcela rzeczy, które świadczą strumień korzystnych usług i pewnych niedogodności dla ludzkości, innych żywych rzeczy i społeczeństwa w ogóle. Te definicje i opisy ujawniają, że wyłoniła się przeważająca koncepcja, która opisuje stan środowiska w odniesieniu do inicjatyw i działań rozwojowych ludzkości, ponieważ mają one wpływ na SD. Ta koncepcja "środowiska" związana z "rozwojem", a zwłaszcza z SD, jest koncepcją "środowiska korzystnego". Koncepcja ta zakłada rozwój bez destrukcji.[14] Koncepcja

---

10 *Patrz* A.C. Osondu, *Nasze wspólne środowisko: Zrozumienie środowiska*, prawa i polityki. Yaba-Lagos, University of Lagos Press, str.1-2.

11 *Zob.* WCED, *Nasza wspólna przyszłość*, *op cit.*, s. 1-23 i 308-343.

12 *Patrz* A. Gilpin, *Słownik Prawa Ochrony Środowiska*, *op cit.*, str. 92-93.

13 Cap E12, LFN 2004 (zmienione wprowadzenie w życie dekretu OOŚ, dekret nr 86 z 1992 r.).

14 *Zob.* brytyjskie Ministerstwo Środowiska, Żywności i Spraw Wsi (DEFRA), Our *Common Future: APerspective of the United Kingdom on the Report of the World Commission on Environment*

"korzystnego środowiska" podkreśla jakość życia, na jakie narażona jest ludzkość, a także dobrobyt ludzkości i całego społeczeństwa w wyniku stanu środowiska; z pewnością tak jest w przypadku przeważającego, żałosnego stanu środowiska wynikającego z działań rozwojowych, które wywierają również niekorzystny wpływ na ludzkość i całe społeczeństwo.[15]

Termin SD, związany ze zrównoważonym rozwojem,[16] można przypisać Robertowi Prescott-Allenowi ze Światowej Strategii Ochrony (WCS) oraz

---

and Development, Londyn, DEFRA, 1988, s. 7. *Patrz również:* N. Schrijver, *Development without Destruction: The UN and Global Resource Management*, Bloomington, Indiana University Press, 2010. Można zauważyć, że oprócz środowiskaistnieją inne aspekty (tj. komponenty, wymiary, filary lub sfery) SD. Są to głównie aspekty ekonomiczne i społeczne, a następnie sfera zarządzania SD. Te sfery SD wymagają powiązań; należy je rozpatrywać w sposób zintegrowany (tj. jako całość zbiorową) w dążeniu do SD. Zob. publikację zatytułowaną "Mainstreaming the three dimensions of sustainable development throughout the United Nations system", znajdującą się w obszarze "Platformy wiedzy o zrównoważonym rozwoju" ONZ, na stronie https://sustainabledevelopment.un.org/unsystem/. Dostęp do niej uzyskano 14 stycznia 2018 r. Zob. *również* dokument końcowy Światowej Konferencji ONZ w sprawie Zrównoważonego Rozwoju (UNCSD - Rio+20), która odbyła się w Rio de Janeiro w Brazylii w dniach 20-22 czerwca 2012 r., zatytułowany "Future We Want - Outcome Document", dostępny na stronie https://sustainabledevelopment.un.org/rio20/futurewewant w dniu 14 stycznia 2018 r. *Zob.* raport z konferencji ONZ w sprawie zrównoważonego rozwoju, która odbyła się w Rio de Janeiro w Brazylii w dniach 20-22 czerwca 2012 r., dostępny na stronie http://www.un.org/ga/search/view_doc.asp?symbol=. A/CONF.216/16&Lang=E dostępny na stronie 14 stycznia 2018 r. Zob. *także* E. T. Bristol-Alagbariya, *Participation in Petroleum Development: Towards Sustainable Community Development in the Niger Delta*, Dundee, Centre for Energy Petroleum & Mineral Law & Policy (CEPMLP)/Dundee University Press (DUP), 2010, s. 23. *Zob.* E. T. Bristol-Alagbariya, *Governance Towards Sustainable Development in Nigeria (Zarządzanie w kierunku zrównoważonego rozwoju w Nigerii) : The Role of Strategic Assessment of Decisions & Actions,* CEPMLP/DUP, 2013, s. xlv, 71, 265 i 284.

15 *Patrz* A. Gilpin, *Słownik Prawa Ochrony Środowiska*, *op cit.*, str. 92. Patrz *również:* E. T. Bristol-Alagbariya, *Participation in Petroleum Development: Towards Sustainable Community Development in the Niger Delta*, *op cit., s.* 138-139.

16 Zrównoważony rozwój oznacza zdolność do utrzymania się w określonym tempie lub na określonym poziomie, takim jak zrównoważony wzrost gospodarczy i społeczno-polityczny oraz rozwój krajów. *Zob.* znaczenie pojęcia "zrównoważony rozwój", które można znaleźć w angielskich słownikach Oxford Living Dictionaries, na stronie https://en.oxforddictionaries.com/definition/sustainability, dostępnej od 22 stycznia 2018 r. Uważa *się, że* koncepcja zrównoważonego rozwoju wywodzi się z dążenia do *zrównoważonej produkcji rolnej i leśnej.* C. Hill, *An Introduction to Sustainable Resource Use*, Abingdon, Routledge, 2011, s.2. W ekologii, zrównoważony rozwój oznacza unikanie uszczuplania zasobów naturalnych w celu utrzymania równowagi ekologicznej. *Patrz* publikacja zatytułowana "What Is Sustainability and Why Is It Important?", dostępna na stronie https://www.environmentalscience.org /sustainability accessed on 22 January 2018. Zrównoważony rozwój wymaga, aby systemy biologiczne pozostawały zróżnicowane i produktywne w nieskończoność. Zdrowe starożytne mokradła i lasy są dobrymi przykładami zrównoważonych systemów biologicznych. Sposoby życia w sposób bardziej zrównoważony mogą przybierać następujące i inne formy: (a) reorganizacja warunków życia ludzkości w celu rozwoju ekowiosek, eko-gmin i zrównoważonych miast; (b) ponowna ocena sektorów gospodarki w celu osiągnięcia permakultury; (c) rozwój praktyk pracy w celu osiągnięcia ulepszeń, takich jak zrównoważona architektura i budowa zielonych budynków; (d) wykorzystanie nauki w celu opracowania nowych technologii, takich jak energia odnawialna i inne formy technologii ekologicznych; oraz (e) dostosowanie stylu życia ludzkości w celu ochrony zasobów naturalnych.

Grupie Ekspertów ds. wskaźników SD (SDI) przy Komisji ONZ ds. Prescott-Allen był pracownikiem Międzynarodowej Unii Ochrony Przyrody (IUCN - tj. Światowej Unii Ochrony Przyrody) i głównym autorem WCS, 1980. WCS jest przełomową publikacją, która przyczyniła się do zdefiniowania pojęcia SD, a tym samym ukształtowała globalne spojrzenie na ochronę i SD.[17] Prescott-Allen wprowadził termin "zrównoważony rozwój" i promował przygotowywanie krajowych strategii ochrony (NCS), w ramach których powiązał dobrostan krajów z dobrostanem ludzi i zdrowym środowiskiem w krajach. Pokazuje to, że istnieje związek między dobrobytem krajów a dobrostanem ludzi (tj. dobrostanem ludzi) oraz dobrostanem środowiska (a tym samym dobrostanem ekosystemów) w tych krajach.[18]

Zrównoważony rozwój i rozwój zrównoważony ostatecznie zyskał na znaczeniu w 1987 roku, kiedy WCED, pod przewodnictwem[19] byłego premiera Norwegii i byłego dyrektora generalnego Światowej Organizacji Zdrowia (WHO), dr Groma Harlema Brundtlanda, opublikowała swój ponadpaństwowy raport zatytułowany *Nasza wspólna przyszłość*[20]. Głównym zaleceniem Naszej Wspólnej *Przyszłości* jest, aby rozwiązaniem dla palącego zapotrzebowania na ochronę środowiska w trakcierozwoju gospodarczego było nowe podejście, a mianowicie SD. WCED, w Naszej wspólnej *przyszłości*, definiuje SD jako rozwój, który zaspokaja potrzeby teraźniejszości bez uszczerbku dla zdolności przyszłych pokoleń do zaspokajania własnych potrzeb. [21]

WCED podkreśla, że definicja SD obejmuje dwa kluczowe pojęcia, a mianowicie pojęcie "potrzeb" oraz pojęcie "ograniczeń". Pojęcie "potrzeb" odnosi się w szczególności do podstawowych i priorytetowych "potrzeb ubogich na świecie", podczas gdy pojęcie "ograniczeń" wiąże się z tymi samymi "narzuconymi przez stan technologii i organizacji społecznej" w odniesieniu do zdolności środowiska do zaspokojenia potrzeb obecnego i

---

Zob. M. Swilling i E. Annecke, *Just Transitions: Explorations of Sustainability in an Unfair World*, Tokyo, UN University, 2012. A. E. J. Wals, *Social Learning Towards a Sustainable World*: Principles, Perspective and Praxis, The Netherlands, Wageningen Academic Publishers, 2009.

17 *Patrz* IUCN *i inni*, *Światowa strategia ochrony: Living Resources Conservation for Sustainable Development*, Gland, IUCN, 1980.

18 *Patrz* R. Prescott-Allen, *The Wellbeing of Nations: a Country-by-Country Index of Quality of Life and the Environment,* Washington DC, Island Press, 2001.

19 Organizacja WCED została powołana przez ONZ w 1983 r. w odpowiedzi na rosnące obawy związane z coraz szybszym pogarszaniem się stanu środowiska naturalnego i zasobów naturalnych oraz wpływem tego pogorszenia na rozwój gospodarczy i społeczny. Ustanawiając Komisję, ZO ONZ uznało, że problemy środowiska naturalnego mają charakter globalny i że ustanowienie polityki na rzecz rozwoju zrównoważonego leży we wspólnym interesie wszystkich narodów. Zob. WCED, *Nasza wspólna przyszłość*, *op. cit.*, zwłaszcza s. x-23.

20 Ibidem.

21 Ibidem, str. 8, 40 i 43.

przyszłych pokoleń ludzkości. Koncepcje[22] te wprowadzają w życie ideę "ochrony", która jest prostym i precyzyjnym przesłaniem WCS.[23]

SD z pewnością kładzie nacisk na dobre samopoczucie człowieka i harmonijną relację między człowiekiem a naturą. I tak na przykład zasada 1 Deklaracji z Rio w sprawie środowiska i rozwoju z1992 r. stanowi, że *człowiek znajduje się w centrum zainteresowania w zakresie zrównoważonego rozwoju. Mają oni prawo do zdrowego i produktywnego życia w harmonii z naturą.* Środowiska (UNEP), uważa zdrowe (tzn. czyste i bezpieczne) środowisko za prekursora zdrowych ludzi i w efekcie zdrowego społeczeństwa.[24] Istnieje zatem ścisły

---

22 Ibidem, s. 43.

23 *Patrz* IUCN *i inni, Światowa strategia ochrony: Living Resources Conservation for Sustainable Development*, op. *cit.* Zob. *także* IUCN *i in.*, *Caring for the Earth: A Strategy for Sustainable Living*, Gland, IUCN, 1991. Ta zastępująca WCS strategia podkreśla wzajemną zależność ochrony i rozwoju (tzn. podkreśla, dlaczego propozycje i procesy rozwoju społeczno-gospodarczego nie powinny być nieświadome potrzeby ochrony środowiska i zachowania przyrody) w celu osiągnięcia zrównoważonego rozwoju. Podkreśla, że bez zachowania żywotności, różnorodności i produktywności planety Ziemi przyszłość ludzkości byłaby zagrożona. Zob. obszar strony głównej IUCN, zatytułowany "IUCN - A Brief History", dostępny na stronie https://www.iucn.org/about/iucn-brief-history w dniu 31 stycznia 2018 r. Ochronę można uznać za ochronę dzikiej fauny i flory oraz innych siedlisk przyrodniczych i ekosystemów przed takimi negatywnymi skutkami, jak eksploatacja i industrializacja przez człowieka. Ochrona jest etyką korzystania z zasobów, ich podziału i ochrony. Głównym celem ochrony jest utrzymanie zdrowia świata przyrody, jego rybołówstwa, innych siedlisk i różnorodności biologicznej. Ochrona jest ważna dla zwierząt, roślin i wszystkich innych organizmów żywych, a także dla obszarów naturalnych oraz ważnych budynków i innych struktur środowiska zbudowanego w społeczeństwie. Ochrona zapobiega powodziom, pożarom, nowym pustyniom i suszom. Chroni siedliska i obszary naturalne, takie jak lasy deszczowe. Ochrona musi być dla ludzkości opactwem, aby zapobiec szkodom wyrządzanym światu przez ludzi. *Patrz* E. O. Wilson, *The Future of Life,* New York, Vintage Books, 2003. Patrz *również:* V. Smil, *Energia i Cywilizacja: A History*, Cambridge, The Massachusetts Institute of Technology (MIT) Press, 2017. Zob. *angielski Oxford Dictionaries* on 'Conservation', dostępny na stronie https://en.oxforddictionaries.com/definition/nature_conservation 16 lutego 2018 r. Zob. *również Cambridge Dictionary on* 'Conservation' (Słownik z *Cambridge na temat ochrony przyrody), dostępny na stronie* https://dictionary.cambridge.org/dictionary/english/conservation dnia 16 lutego 2018 r. Zob. S. Buella, "Other Living Things besides Plant and Animals", z dnia 25 września 2012 r., dostępne na stronie https://prezi.com/kylnikxqcv3x/other-living-things-besides-plants-and-animals/, z dostępem 16 lutego 2018 r.

24 *Zob.* Program Narodów Zjednoczonych ds. Środowiska (UNEP), Zdrowe środowisko, Zdrowi ludzie, Nairobi: UNEP, 2016. Zob. *również* Cele Zrównoważonego Rozwoju ONZ (SDG), zwłaszcza Cel 3, zatytułowany "Dobre zdrowie i dobrostan". Zob. *również*Deklarację Milenijną ONZ, złożoną za pośrednictwem rezolucji 55/2 Zgromadzenia Ogólnego ONZ (ZO ONZ) z dnia 8 września 2000 r. Rezolucja ta została jednogłośnie przyjęta przez ZO ONZ na Szczycie Milenijnym ONZ (który jest określany jako jak dotąd największe w historii zgromadzenie światowych przywódców). Szczyt odbył się w siedzibie głównej ONZ w Nowym Jorku, w dniach 6-8 września 2000 r. Deklaracja Milenijna ONZ dała początek Milenijnym Celom Rozwoju ONZ (MCR), które miały zostać zrealizowane przez narody i narody świata do roku 2015. Nieosiągnięcie ośmiu milenijnych celów rozwoju (z wymiernymi celami i jasnymi terminami poprawy życia najbiedniejszych ludzi na świecie) dało w końcu początek milenijnym celom rozwoju, które mają zostać osiągnięte przez państwa członkowskie ONZ i wszystkich ludzi na całym świecie do nowego roku docelowego, 2030.

związek między zdrowym (tzn. nieszkodliwym) i zrównoważonym ekologicznie środowiskiem a dobrobytem człowieka.[25]

Dlatego też, aby osiągnąć rozwój zrównoważony w trakcie rozwoju, a mianowicie plany, politykii programy/projekty rozwojowe (PPP), obecnie rozważana, proponowana i zalecana strategia polega na zaangażowaniu się w "rozwój bez zniszczenia", biorąc pod uwagę, że "gdy ludzie stawiają środowisko na pierwszym miejscu, rozwój będzie trwał". W związku z[26] tym koncepcja "korzystnego środowiska naturalnego" zakłada, w jaki sposób rozwijać, chronić i zabezpieczać środowisko naturalne oraz zarządzać nim, a także chronić je w trakcie rozwoju, tak aby przyczyniać się do dobrobytu ludzkości i całego społeczeństwa, a nawet go zwiększać.

The effort to ensure and/or enhance the concept of beneficial environment favourable to human wellbeing may in Nigeria be traced to Section 20 of the country's Constitution (1999 Constitution of the Federal Republic of Nigeria [FRN] [as amended]), captioned "Environmental Objectives", which provides that "the state shall protect and improve the environment and safeguard the water, air and land, forest and wild life of Nigeria". W[27] związku z tym art. 24 Afrykańskiej Karty Praw Człowieka i Ludów (Ratyfikacja i egzekwowanie) z 2004 r.[28] stanowi, że "wszystkie narody mają prawo do ogólnie

---

25 *Zob.* art. 24, 25, 28 i 30 UDHR. Zob. *także* UNEP, Zdrowe *środowisko, Zdrowi ludzie*, op. *cit.* Prawo do życia w zdrowym środowisku sprzyjającym rozwojowi wiąże się z prawem do życia, godnością i integralnością osoby ludzkiej oraz prawem do korzystania przez ludzkość ze zdrowia fizycznego i psychicznego, jak przewidziano w sekcjach 33 ust. 1 i 34 ust. 1 Konstytucji FRN z 1999 r. (ze zmianami) i wzmocniono w art. 4, 16 i 24 Afrykańskiej Karty Praw Człowieka i Ludów (Ratyfikacja i egzekwowanie) Act, Laws of the Federation of Nigeria (LFN), 2004. W związku z tym prawo do życia w zdrowym środowisku sprzyjającym rozwojowi wiąże się z prawem do życia, godnością i integralnością osoby ludzkiej oraz prawem do korzystania przez ludzkość ze zdrowia fizycznego i psychicznego, co nieuchronnie obejmuje prawo do "czystego, wolnego od zanieczyszczeń i zdrowego środowiska". *Zob. Jonah Gbemre przeciwko The Shell Petroleum Development Company Nigeria Ltd (SPDC) i 2 Ors (FHC/B/CS/53/05*), African Human Rights Law Report (AHRLR), s. 151.

26 *Patrz* WCED, Nasza wspólna przyszłość, op. *cit.* Zob. *także* E. T. Bristol-Alagbariya, *Governance Towards Sustainable Development in Nigeria: The Role of Strategic Assessment of Decisions & Actions, op* cit., *str.* 5-6 i 278.

27 *Zob. również* sekcja 24 Konstytucji Republiki Południowej Afryki z 1996 r. (z późniejszymi zmianami), która stanowi, co następuje: *Każdy ma prawo - a) do środowiska naturalnego, które nie jest szkodliwe dla jego zdrowia lub dobrego samopoczucia; oraz b) do ochrony środowiska naturalnego, z korzyścią dla obecnych i przyszłych pokoleń, za pomocą rozsądnych środków ustawodawczych i innych środków, które - (i) zapobiegają zanieczyszczeniu i degradacji ekologicznej; (ii) wspierają ochronę; oraz (iii) zapewniają ekologicznie zrównoważony rozwój i wykorzystanie zasobów naturalnych, wspierając jednocześnie uzasadniony rozwój gospodarczy i społeczny.*

28 *Zob.* akt Afrykańskiej Karty Praw Człowieka i Ludów (Ratyfikacja i egzekwowanie), Cap A9, Laws of the Federation of Nigeria (LFN) 2004 (Cap 10, LFN 1990).

zadowalającego środowiska sprzyjającego ich rozwojowi".[29] Podobnie FRN docenia sposób, w jaki zdrowe środowisko jest postrzegane jako prekursor zdrowych ludzi i zdrowego społeczeństwa *w stosunku do* idei korzystnego środowiska mającego na celu zapewnienie i/lub wzmocnienie rozwoju zrównoważonego, co jest widoczne na przykład w wizji i misji NESREA.[30] Ustawa NESREA z 2007 r. (która uchyliła ustawę FEPA z 2004 r.)[31] upoważnia NESREA do ponoszenia odpowiedzialności za egzekwowanie wszystkich wytycznych, polityki, norm i przepisów prawnych dotyczących środowiska w Nigerii, jak również za egzekwowanie przestrzegania postanowień międzynarodowych umów, protokołów, konwencji i traktatów dotyczących środowiska, których Nigeria jest sygnatariuszem.

Wprowadzenie w życie ustawy NESREA z 2007 r.,ustanawiającej NESREA, w rzeczywistości wypełniło lukę powstałą w zakresie skutecznego egzekwowania przepisów, standardów i regulacji prawnych dotyczących ochrony środowiska w Nigerii. Wynika to z faktu, że kiedy rząd federalny (GF) w 1999 r. połączył Federalną Agencję Ochrony Środowiska (FEPA) i inne właściwe departamenty w innych ministerstwach w celu utworzenia Federalnego Ministerstwa Środowiska, nie istniała jeszcze odpowiednia ustawa umożliwiająca

---

29 *Zob. również AG Lagos State przeciwko AG Federation* [2003] FWLR [pkt 168], s. 909; *Kokoro-Owo przeciwko Lagos State Government* (1995) 6 NWLR 760 na 765. Decyzja w tej sprawie podkreśla prawo obywateli nigeryjskich do zdrowego (tzn. czystego i bezpiecznego) środowiska naturalnego. Zob. *również* art. 24 i 25, jak również art. 28 i 30 Powszechnej Deklaracji Praw Człowieka (UDHR) z 1948 r., sporządzonej w rezolucji 217 A (III) Zgromadzenia Ogólnego ONZ z dnia 10 grudnia 1948 r., zatytułowanej "Powszechna Deklaracja Praw Człowieka". *Zob.* T. Okonkwo, "Konstytucjonalizm środowiskowy w Nigerii: Are We There Yet?", The Nigerian Juridical Review, 13, s. 175-216, zwłaszcza s. 175-216 i 216. Zob. *też* M. Howes, *Politykę i Środowisko: Risk and the Role of Government and Industry*, London, Earthscan, 2005.

30 Wizją NESREA jest "zapewnienie czystszego i zdrowszego środowiska dla Nigeryjczyków", podczas gdy misją NESREA jest *inspirowanie osobistej i zbiorowej odpowiedzialności w budowaniu świadomego ekologicznie społeczeństwa dla osiągnięcia zrównoważonego rozwoju w Nigerii.* W związku z tym mandat NESREA został określony w następujący sposób: NESREA jest odpowiedzialna za ochronę i rozwój środowiska naturalnego, zachowanie różnorodności biologicznej i zrównoważony rozwój zasobów naturalnych Nigerii w ogóle oraz technologii środowiskowych, w tym za koordynację i współpracę z odpowiednimi zainteresowanymi stronami w Nigerii i poza nią w sprawach dotyczących egzekwowania norm, przepisów, zasad, ustaw, polityk i wytycznych środowiskowych. Ustawa NESREA upoważnia Agencję do ponoszenia odpowiedzialności za egzekwowanie wszystkich przepisów, wytycznych, polityk, standardów i regulacji dotyczących środowiska w Nigerii, jak również za egzekwowanie przestrzegania postanowień międzynarodowych umów, protokołów, konwencji i traktatów dotyczących środowiska, których Nigeria jest sygnatariuszem. *Zobacz* oficjalną stronę internetową NESREA, dostępną pod adresem http://www.nesrea.gov.ng/ dnia 30 sierpnia 2017 roku. Informacje na temat misji, wizji i mandatu Agencji znajdują się na oficjalnej stronie internetowej NESREA w sekcji "About Us", dostępnej pod adresem http://www.nesrea.gov.ng/about-us/, do której dostęp uzyskano dnia 30 sierpnia 2017 r.

31 *Patrz* ustawa FEPA, Cap F10, LFN 2004.

egzekwowanie przepisów w zakresie ochrony środowiska, zgodna z przepisami sekcji 20 Konstytucji FRN z 1999 r. (ze zmianami).[32]

Z pewnością, biorąc pod uwagę rosnące globalne obawy związane z pogarszającym się i żałosnym stanem środowiska naturalnego, który wznacznym stopniu wynika z niezrównoważonych wzorcówprodukcji i konsumpcji, środki podejmowane w celu poprawy i/lub zapewnienia zrównoważonego rozwoju są pouczające. The measures being taken from the level of the UN to the level of member states of the global Union of sovereign states such as Nigeria demonstrate that the definitions and descriptions of the 'environment' as well as the efforts and strategies associated with the protection and improvement of same are progressively designed to ensure that the twin concepts of 'environment' and 'development' (especially in the context of the development of major natural resources such as minerals and petroleum resources development operations), are beneficial to mankind and overall society at large. Te definicje, opisy, wysiłki i strategie ujawniają, co następuje: a) że pojęcie korzystnego środowiska odnosi się do jakości życia, na jakie narażona jest ludzkość; b) bezpieczeństwa i samego przetrwania ludzkości w odniesieniu do godnego ubolewania stanu środowiska; jak również c) niekorzystnego wpływu planów, polityk iprogramów/projektów rozwojowych (PPP)na środowisko.

Z powyższego jasno wynika, że koncepcja korzystnego środowiska związanego z rozwojem zrównoważonym, stopniowo wprowadzana przez ONZ, jest projektowana w ogólnym interesie ludzkości i całego społeczeństwa. W związku z tym konstytucje, odpowiednie ustawy pomocnicze i precedensy sądowe, jak również proaktywne orzeczenia sądowe państw członkowskich ONZ wyrażają prawo obywateli do zdrowego środowiska i jednocześnie upoważniają rządy do ochrony środowiska w interesie ludzkości i społeczeństwa jako całości (tj. dobrobytu człowieka i dobrobytu społeczeństwa).[33]

Środowisko naturalne w rzekach Stan i narodowości etniczne państwa

Środowisko w stanie Rivers State to środowisko deltowe, ponieważ jest to podstawowy stan w regionie Delty Nigru.

---

32 *Ponadto patrz* obszar oficjalnej strony internetowej NESREA, podpis "About Us", op. *cit.*

33 *Ponownie patrz* sekcja 24 Konstytucji Republiki Południowej Afryki, 1996 (z późniejszymi zmianami), *op. cit. Patrz również: Jonah Gbemre przeciwko The Shell Petroleum Development Company Nigeria Ltd (SPDC) i 2 Ors (*Supra).

Od niepamiętnych czasóww Państwie Rzeki istniały dwa rozległe obszary środowiska. Są to: główna przybrzeżna (tj. zasadniczo słonowodna) gminna strefa środowiskowa oraz kontynentalna (tj. wyżynna) gminna strefa środowiskowa państwa. W[34] tym celu do etnicznych narodowości i społeczności górskiego państwa rzecznego należą: Królestwo Kalabari, Ibani (składające się z Królestwa Bonny i Królestwa Opobo), Andoni (Obolo) i Okrika; natomiast do grup i społeczności górskiego państwa rzecznego należą: Ikwerre, Etche, Ogoni, Ekpeye, Ogba, Abua/Odual i Engenni. W czasach współczesnych większość lub prawie wszystkie strefy lądowe środowiska naturalnego w państwie nadrzecznym można uznać za strefę styku wody słonej i wody słodkiej (tj. słonej z wodą słodką) tego państwa.[35]

ROPA NAFTOWA I INNE ZASOBY NATURALNE ZASILANE PRZEZ RZEKI STAN

Rivers State is enormously endowed with petroleum (i.e., crude oil and natural gas) resources. Państwo jest również obdarzone komercyjnymi ilościami kilku stałych zasobów mineralnych,które obejmują glinę, ceramikę, węgiel brunatny, piasek gruboziarnisty, piasek drobnoziarnisty, piasek szklany, piasek ziarnisty, piasek ostry, kamień piaskowy, żwir, szkło, kamień specjalny i lateryt.[36]

POSZUKIWANIE, ODKRYWANIE I ROZPOCZĘCIE DZIAŁALNOŚCI W ZAKRESIE ZAGOSPODAROWANIA ZŁÓŻ ROPY NAFTOWEJ W STANIE

Poszukiwania ropy naftowej (tj. ropy nierafinowanej, jak to ma miejsce w naturze) w Nigerii, której częścią i paczką jest Rivers State, rozpoczęły się w czasach Kolonii Brytyjskiej.

---

34 *Zob.* E. T. Bristol-Alagbariya, *Udział w rozwoju sektora naftowego: Towards Sustainable Community Development in the Niger Delta*, *op cit*, s. 36. Zob. *również* E. T. Bristol-Alagbariya, *Governance Towards Sustainable Development in Nigeria (Zarządzanie w kierunku zrównoważonego rozwoju w Nigerii) : Rola strategicznej oceny decyzji i działań, op cit., s.* 223.

35 *Zob.* N. Briggs *et al* (red.), *The Economic Development of Rivers State: In commemoremation of Port Harcourt Celebration*, Port Harcourt, Onyoma Research, 2014, s. 45-47.

36 *Zob.* M. Ekwuluo, "Solid Minerals Survey of Rivers State": A Report Submitted by the Rivers State Government to the World Bank Project on Sustainable Solid Minerals Development in Nigeria', Port Harcourt, Director, Solid Minerals Department, Rivers State Ministry of Energy and Natural Resources, March 2005. Zob. *również* K. Adeoye, "Solid Minerals in Nigeria", "Solid Minerals in Nigeria: An Overview (1)", z dnia 02 marca 2016 r., *The Guardian Online News*, dostępny na stronie https://guardian.ng/energy/solid-minerals-in-nigeria-an-overview-1/ w dniu 12 sierpnia 2017 r. Zob. K. Adeoye, "Solid Minerals in Nigeria: An Overview 2", z dnia 09 marca 2016 r., *The Guardian Online News*, dostępny na stronie https://guardian.ng/energy/solid-minerals-in-nigeria-an-overview-2/, dostępny 12 sierpnia 2017 r. Zob. *również* publikację zatytułowaną "Natural Resources in Nigeria: The Full List + Locations", z dnia 21 listopada 2017 r., dostępną na stronie http://nigerianfinder.com/natural-resources-in-nigeria-the-full-list-locations/. Zob. P. E. Panden, *Rivers State, 46: A Compendium 1967-2013*, Jos, Fab Anieh, 2013, s. 215-217.

Ponieważ kolonizacja Afryki była produktem zachodniego imperializmu, rozwój głównych zasobów w czasach kolonialnych w Nigerii i innych krajach afrykańskich charakteryzował się polityką różnych rządów kolonialnych w zakresie wykorzystywania głównych firm rozwijających zasoby naturalne jako instrumentów władzy, władzy i wpływu rządów. Na[37] przykład, polityka i prawa brytyjskiego rządu kolonialnego miały na celu sprzyjanie kontroli zasobów (tj. kontroli zasobów, w tym głównych zasobów naturalnych) przez rząd kolonialny. W 1908 roku w Araromi, w stanie Ondo, w zachodniej Nigerii, niemiecki podmiot, Nigeryjsko-Niemiecka Spółka Bitumiczna,rozpoczął poszukiwania ropy naftowej. W tym czasie ustawodawstwem dotyczącym ropy naftowej było rozporządzenie w sprawie ropy naftowej z 1889 roku, a następnie rozporządzenie w sprawie rozporządzenia górniczego (ropa naftowa) z 1907 roku. Mimo że nigeryjskiemu Niemieckiemu Koncernowi Bitumicznemu nie udało się dokonać żadnych odkryć i musiał zaprzestać działalności z powodu wybuchu I wojny światowej, obszar działalności poszukiwawczej firmy stał się później znany ze swoich rozległych rezerw bitumu.[38]

Działalność poszukiwawcza ropy naftowej była kontynuowana w Nigerii Brytyjskiej w 1938 r., kiedy to Shell D'Arcy Petroleum Development Company, będąca współwłasnością brytyjską i holenderską,otrzymała od rządu Kolonii Brytyjskiej wyłączne prawo koncesyjne na poszukiwanie ropy naftowej w tym kraju. Jedyne prawa koncesyjne Shell D'Arcy Petroleum Development Company obejmowały przyznanie koncesji na poszukiwanie ropy naftowej (ang. Oil Exploration Licence, OPL) na całym kontynencie Nigerii, obejmującym obszar 375 000 mil kwadratowych. W związku z[39] tym Shell D'Arcy Petroleum Development Company, które w 1956 r. zmieniło nazwę na Shell-BP Petroleum Development Company of Nigeria Limited, odkryło w niedzielę 15 stycznia 1956 r. w Otuabagi, Oloibiri Oilfield, ropę naftową wilościach handlowych, w brytyjskim dystrykcie Oloibiri w Kolonii Brytyjskiej, który ostatecznie stał się częścią dawnego Państwa Rzeki (utworzonego 27 maja 1967 r. przez generała Yakubu Gowona), a obecnie częścią Państwa Bayelsa (utworzonego z dawnego Państwa Rzeki 1 października 1996 r. przez generała Sani Abacha.[40] Następnie Shell-BP Petroleum Development

37 *Zob.* D. N. Zillman *et al* (red.), *Human Rights in Natural Resources Development: Public Participation in Sustainable Development of Mining and Energy Resources*, Oxford, International Bar Association (IBA)/Oxford University Press, 2002, s. 552-553.

38 *Patrz* Y. Omorogbe, *Oil and Gas Law in Nigeria*, Lagos, Malthouse Press, 2001, str. 16.

39 Ibidem, s. 17.

40 *Patrz* E. J. Alagoa, *The Land and People of Bayelsa State: Delta Środkowego Nigru*, Port Harcourt, Onyoma Research, s. 2, zob. *także* E.J. Alagoa *i inni* (red.), *History Concourse 2011:*

Company of Nigeria Limited (Shell Nigeria) rozpoczęło wydobycie ropy naftowej w 1958 r. na polu naftowym Oloibiri, a w konsekwencji w innych społecznościach zajmujących się wydobyciem ropy naftowej w stanie Rivers i innych częściach rzeczywistego regionu Delty Nigru.[41]

Delta Nigru jest deltą rzeki Niger, położoną w Nigerii, wzdłuż Zatoki Gwinejskiej na Oceanie Atlantyckim. Rzeka Niger i rzeka Volta są głównymi dopływami Zatoki Gwinejskiej, inaczej nazywanej "Zatoką, Oceanem Atlantyckim", która jest częścią wschodniego tropikalnego Oceanu Atlantyckiego, u wybrzeży Afryki Zachodniej, rozciąga się na zachód od Cap López, w pobliżu równika, do Przylądka Palmas na długości 7° długości geograficznej zachodniej.[42] Rzeka Niger jest trzecią co do długości rzeką w Afryce, przewyższającą jedynie Nil i Kongo (Zaïre). Jest to główna rzeka zachodniej Afryki, rozciągająca się na długości ponad 2500 mil (ok. 4180 km). Biegnie w półksiężycu przez Gwineę, Mali, Niger, na granicy z Beninem, a następnie przez Nigerię, zrzucana jest przez Deltę Nigru do Zatoki Gwinejskiej. Jego głównym dopływem jest rzeka Benue.[43]

Prawdziwy region Delt Nigru to etnograficzny, historyczny i geograficzny region Delt Nigerii. Region ten, składający się ze stanu Rivers i innych stanów strefy południowej mniejszości etnicznej Nigerii, zwanej inaczej strefą geopolityczną Południe-Południe FRN,[44] różni się od sztucznego i umotywowanego politycznie regionu Delty Nigru utworzonego na mocy ustawy Komisji Rozwoju Niger-Delta (Ustanowienie itp.).[45]

The Niger Delta Environment as Resource and Reserve, Port Harcourt, Onyoma Research, s. 224.

41 E. J. Alagoa *i inni* (red.), *History Concourse 2011: The Niger Delta Environment as Resource and Reserve*, Port Harcourt, Onyoma Research, s. 223-225.

42 *Zob. Encyklopedia Britannica* dotycząca "Zatoki Gwinejskiej", dostępna na stronie https://www.britannica.com/place/Gulf-of-Guinea w dniu 19 sierpnia 2017 r.

43 *Zob. The New World Encyclopedia* on River Niger (*Nowa Światowa Encyklopedia* na temat Rzeki Niger), dostępna na stronie http://www.newworldencyclopedia.org/entry/Niger_River od 19 sierpnia 2017 r.

44 Strefa południowej mniejszości etnicznej w Nigerii *w stosunku do* strefy geopolitycznej południe-południe FRN składa się z sześciu stanów federacji. Są to: stan Rivers, stan Bayelsa, stan Delta, stan Akwa-Ibom, stan Cross River i stan Edo. Southern Minorities Movement (SMM), *An Appraisal of the Nigerian Crisis and Solution*, Port Harcourt, SMM, luty 1995. Zob. *także SMM, The Struggle and the Future*, Port Harcourt, SMM, grudzień 1995 r.

45 *Zob.* sekcje 2 ust. 1 lit. b) i 4 ustawy Nigersko-Deltańskiej Komisji Rozwoju (zakładanie przedsiębiorstw itp.) (zwanej dalej "ustawą NDDC"), nr 6 LFN 2000, Cap N86, Laws of the Federation of Nigeria (LFN) 2004. Zob. *także* E. T. Bristol-Alagbariya, *Participation in Petroleum Development: Towards Sustainable Community Development in the Niger Delta*, Dundee, Centre for Energy Petroleum & Mineral Law & Policy (CEPMLP)/DUP, 2010, s. 35-36. *Zob.* E. T. Bristol-Alagbariya, *Governance Towards Sustainable Development in Nigeria (Zarządzanie w kierunku zrównoważonego rozwoju w Nigerii): The Role of Strategic Assessment of Decisions &*

Ponieważ rurociągi były i nadal są jednym z najtańszych środków transportu ropy naftowej na duże odległości między głowicą odwiertu a punktem eksportu lub rafinacji, uchwalono ustawę o rurociągach naftowych z 1956 r. z[46] przepisami mającymi na celu spełnienie wymogów tego przedsięwzięcia w działalnościShell Nigeria.[47]

Po rozpoczęciu wydobycia ropy naftowej na polu naftowym Oloibiri oraz w innych gminach i regionach stanu Rivers, Shell Nigeria położył swój pierwszy rurociąg ropy naftowej z Oloibiri do Port Harcourt i do rzeki Bonny, gdzie znajduje się terminal ropy naftowej Bonny. Działalność operacyjną w terminalu naftowym Shell Bonny Crude Oil Terminal (BCOT - obecnie znany jako Shell Bonny Oil and Gas Terminal, BGOT) rozpoczęto w latach 1957/58, a następnie uruchomiono go w 1961 r. w celu eksportu ropy naftowej do krajów będących konsumentami ropy naftowej na całym świecie.[48]

Przez pewien czas Shell Nigeria, opierając się na swoich wyłącznych prawach koncesyjnych, utrzymywał monopol na nigeryjską branżę naftową,ponieważ swobodnie badał i wybierał powierzchnie do wyboru, aż do momentu, gdy zachował 15 000 mil kwadratowych swojego pierwotnego obszaru koncesyjnego. Jednak monopol Shell Nigeria został przełamany, kiedy to jego prawa koncesyjne zostały później zweryfikowane i rozszerzone na inne przedsiębiorstwa różnych narodowości, takie jak Mobil, Gulf (obecnie Chevron), Agip, Safrap (Elf), Teneco i Amoseas (Texaco/Chevron).[49] Po uzyskaniu przez Nigerię politycznej niezależności w dniu 1 października 1960 r., międzynarodowe spółki naftowe (naftowe i gazowe) (MNOCs, znane również jako Transnational Oil and Gas Companies [TNOCs]) działające w Nigerii nadal sprawują ogromną kontrolę nad przemysłem naftowym kraju.

Actions, CEPMLP/DUP, 2013, s. 223-224. Ustawa o NDDC została zmieniona pod koniec 2017 r. Zmieniona ustawa nosi tytuł "The Delta Development Commission (Establishment) Amendment Act" (Establishment) of Niger, 2017. Wraz z przedsiębiorstwami naftowymi, znowelizowana ustawa włącza przedsiębiorstwa zajmujące się wydobyciem i przetwarzaniem gazu ziemnego do wykazu przedsiębiorstw produkujących zasoby ropy naftowej, które wnoszą wkład w finansowanie Komisji Rozwoju Delty Nigru, realizując w ten sposób odwieczne starania rządu o zwiększenie finansowania Komisji, mające na celu wspieranie skutecznego wywiązywania się z jej obowiązków i odpowiedzialności za rozwój bogatego w ropę regionu Delty Nigru. *Zob.* publikacja w gazecie *Vanguard* z dnia 30 grudnia 2017 r., autorstwa J. Agbakwuru, opatrzona napisem "Buhari podpisuje ustawę o NDDC Act into law", dostępna na stronie https://www.vanguardngr.com/2017/12/buhari-signs-nddc-act-law/ w dniu 4 lutego 2018 r.

46 Cap 145 z 1958 r. Laws of Nigeria, obecnie Oil Pipelines Act, Cap 07, LFN 2004.

47 *Zob.* G. Etikerentse, *Nigerian Petroleum Law*, Dredew Publishers, 2014, s. 8.

48 *Zob.* E. J. Alagoa *i inni* (red.), *History Concourse 2011: The Niger Delta Environment as Resource and Reserve*, Port Harcourt, Onyoma Research, s. 223-225. Zob. *także* N. Briggs *et al (red.), The Economic Development of Rivers State: In commemoration of Port Harcourt Celebration*, *op cit.*, s. 90.

49 *Patrz* Y. Omorogbe, *Oil and Gas Law in Nigeria*, *op cit.*, s. 17.

MNOCs kontrolują i zarządzają działalnością rozwojową w zakresie ropy naftowej i innych głównych zasobów naturalnych bogatych w zasoby krajów rozwijających się.[50] W Nigerii MNOCs kontrolują i zarządzają przemysłem naftowym kraju, podczas gdy kraj ten miał i nadal ma trudności ze wywieraniem wpływu na przemysł, głównie w zakresie uzyskiwania czynszów i opłat licencyjnych z tytułu działalności MNOCs.

Charakterystyczna dla nigeryjskiego stanu kontrola nad przemysłem naftowym przejawia się od czasu wprowadzenia w 1959 r. nigeryjskiego rozporządzenia w sprawie podatku od zysków z wydobycia ropy naftowej, aż po nałożenie przez Nigerięwarunków OPEC od 1967 r., czyli dekretu o spółkach z 1968 r. (który nałożył na przedsiębiorstwa naftowe działające w Nigerii obowiązek zarejestrowania się w tym kraju), Dekret w sprawie ropy naftowej z 1969 r. (obecnie "Petroleum Act", 2004 r.)[51] oraz ewentualna nacjonalizacja przemysłu w latach siedemdziesiątych, w wyniku której rząd federalny, zapośrednictwem Nigerian National Petroleum Corporation (NNPC), zabezpieczył udziały kapitałowe w MNOC. Posiadając udziały kapitałowe, rząd federalny nawiązał stosunki w ramach joint venture z MNOCs działającymi w tym kraju.[52]

---

50 *Patrz* D. C. Korten, *When Corporations Rule the World*, California, Berett-Koehler, 2001.

51 *Zob.* dekret w sprawie ropy naftowej z 1969 r. (obecnie Petroleum Act, 1969, Cap P10, LFN 2004).

52 *Zob.* N. Briggs *et al* (red.), *The Economic Development of Rivers State: In commemoration of Port Harcourt Celebration*, *op cit.*, s. 86-90. Zob. *również* K. Omeje, *High Stakes and Stakeholders: Oil Conflict and Security in Nigeria*, Aldershot, Ashgate, 2006. Zob. *K.* Omeje, *Extractive Economies and Conflicts in the Global South: Multi-Regional Perspectives on Rentier Politics*, Aldershot, Ashgate, 2008. W grudniu 2016 r., ze skutkiem od 1 stycznia 2017 r., Federalny Rząd Nigerii (FGN) ogłosił, że formalnie zrezygnował ze swoich zobowiązań w zakresie wezwań do zapłaty gotówki w JV z MNOC działającymi w tym kraju, przy czym oczekuje się, że koszty produkcji przedsiębiorstw będą zwracane przez rząd z budżetów krajowych Nigerii, a najczęściej rząd nigdy nie wywiązywał się ze swoich zobowiązań w zakresie zwrotu kosztów tych przedsiębiorstw. W trakcie trwającego prawie dwadzieścia lat procesu reform sektora naftowego rząd nigeryjski stwierdził, że niezdolność do wywiązania się ze swoich zobowiązań w zakresie wezwań do zapłaty gotówki na rzecz swoich operatorów zajmujących się wydobyciem ropy naftowej (tj. ropy i gazu) była jednym z wyzwań utrudniających rozwój tego sektora. W związku z tym oczekuje się, że GF, za pośrednictwem Nigerian National Petroleum Corporation (NNPC), wniesie równowartość swojego udziału w kapitale zakładowym do zatwierdzonego rocznego budżetu kraju w celu sfinansowania działalności w zakresie rozwoju sektora naftowego w ramach wspólnego przedsięwzięcia. *Patrz* publikacja gazety *Punch, autorstwa* F. Asu, z dnia 4 lipca 2017 r., zatytułowana "FG winien IOCs 1 mld USD w wezwaniu gotówkowym JV", która znajduje się na stronie http://punchng.com/fg owoc-iocs-1bn-in-jv-cash-call/, dostępnej w dniu 21 września 2017 r. Zob. *także* publikację gazety *Premium Times* z dnia 14 grudnia 2016 r., autorstwa B. Udo, zatytułowaną "Nigeria to begin new funding arrangement for oil, gas joint ventures", dostępną na stronie https://www.premiumtimesng.com/business/ business-news/217990-nigeria-begin-new-funding-arrangement-oil-gas-joint-ventures.html, dostępną na stronie internetowej https://www.premiumtimesng.com/business/. *Zob.* publikację gazety *ThisDay* z dnia 16 grudnia 2016 r., autorstwa C. Okafora, zatytułowaną "FG Exits JV Cash Call Payments to IOCs", dostępną pod adresem

Oprócz MNOC, rdzenne nigeryjskie koncerny naftowe, które ostatecznie powstały, były i są nadal w głównej mierze zasiedziałe na terenach naftowych ze względu na wpływ lub bliskie relacje znaczących udziałowców i interesariuszy takich firm z urzędnikami państwowymi, którzy są bezpośrednio związani z zasiedziałością. Powstanie[53] rodzimych spółek naftowych doprowadziło do powstania takich spółek wydobywczych państwa Rivers, jak Moni Pulo Limited (MPL), która została założona w marcu 1992 roku. Spółka MPL uzyskała w maju 1992 r. koncesję na poszukiwanie ropy naftowej (OPL 230), po czym uzyskała zezwolenie Departamentu Zasobów Ropy Naftowej (DPR) na rozpoczęcie działalności w kwietniu 1995 r.[54] Innym lokalnym przedsiębiorstwem naftowym należącym do Rivers State extraction jest Belemaoil Producing Limited (BPL), które zostało założone w 2013 r. w celu poszukiwania, wydobywania i wprowadzania do obrotu zasobów ropy naftowej i gazu oraz ich pochodnych.[55]

W tym momencie należy stwierdzić, że istnieją trzy główne sektory nigeryjskiego przemysłu naftowego (tj. sektor ropy naftowej i gazu), a mianowicie sektor upstream, midstream i downstream.[56] Upstream jest czasami nazywany sektorem poszukiwań i produkcji (E&P). Działalność poszukiwawczo-wydobywcza (ang. upstream) obejmuje wszystkie działania związane z poszukiwaniem, znajdowaniem i wydobyciem ropy naftowej lub gazu ziemnego z podziemnych lub podwodnych pól naftowych (tj. pól ropy naftowej i gazu ziemnego). Sektor ten obejmuje wykonywanie odwiertów poszukiwawczych, a następnie wykonywanie i eksploatację odwiertów służących do wydobycia i wydobycia ropy naftowej lub gazu ziemnego na powierzchnię. W trakcie wiercenia i poszukiwania złóż ropy naftowej i gazu ziemnego, z podziemnych i podwodnych pól naftowych odkrywane są niekiedy

---

https://www.thisdaylive.com/index.php/2016/12/16/fg-exits-jv-cash-call-payments-to-iocs/ w dniu 21 września 2017 r. Inne ustalenia dotyczące zagospodarowania złóż ropy naftowej przez FG, za pośrednictwem NNPC, ze spółkami naftowymi i gazowymi w kraju obejmują umowy o podziale wpływów z wydobycia, umowy o świadczenie usług, jak również ustalenia dotyczące eksploatacji złóż niezależnych (tj. na wyłączne ryzyko) i marginalnych.

53 *Patrz* Y. Omorogbe, *Oil and Gas Law in Nigeria*, *op cit.*, s. 167.

54 *Zob.* obszar strony głównej Moni Pulo Limited (MPL), zatytułowany "Spółka", z podtytułem "Moni Pulo Timelines", dostępny na stronie http://www.monipulo.com/company.html w dniu 21 września 2017 r. MPL jest niezależną (tzn. obarczoną wyłącznym ryzykiem) spółką wydobywającą zasoby ropy naftowej (ropę).

55 *Patrz* obszar strony głównej Belema Producing Limited (BOPL), z napisem "O nas", dostępny na stronie http://belemaoil.com/about w dniu 21 września 2017 r.

56 *Zob.* publikację wiadomości dla przemysłu naftowego, podpis "Upstream, Midstream and Downstream - Understanding the Three Petroleum Markets", dostępną na stronie https://www.petro-online.com/news/fuel-for-thought/13/breaking_news/upstream_midstream_and_downstream_understanding_the_three_petroleum_markets/32165 w dniu 19 listopada 2017 r.

także inne surowce/zasoby naturalne.[57] Operacje Midstream łączą/połączają podmioty z sektora upstream i downstream. Często zdarza się, że sektor midstream jest rozpatrywany łącznie (tzn. w formie ryczałtu) z sektorem downstream. Wreszcie, sektorem niższego szczebla w przemyśle naftowym jest rafinacja ropy naftowej oraz przetwarzanie i oczyszczanie surowego gazu ziemnego, jak równieżtransport, wprowadzanie do obrotu i dystrybucja produktów pochodnych ropy naftowej i gazu ziemnego. Główna działalność w sektorze niższego szczebla obejmuje zatem rafinację, transport urządzeń i wprowadzanie do obrotu produktów gotowych.[58]

Od początku lat 70. przemysł naftowy jest podstawą gospodarki Nigerii,ponieważ dostarcza ponad 40 proc. produktu krajowego brutto (PKB), ponad 90 proc. przychodów z eksportu, a także ponad 80 proc. przychodów rządu i budżetu kraju. Przemysł ten, kwitnący ze względu na zasoby ropy naftowej, którymi dysponują stany Rivers i inne stany wydobywające ropę naftową w kraju, stanowi bezsprzecznie podstawę gospodarki politycznej kraju.[59]

Rzeczywiście, jako największy i jedenasty producent ropy naftowej w Afryce, Nigeria jest obdarzona możliwymi do wydobycia rezerwami ropy naftowej wynoszącymi 40 miliardów baryłek; podczas gdy, jako jeden z dziesięciu największych na świecie producentów gazu ziemnego, udokumentowane rezerwy gazu ziemnego w tym kraju są szacowane na ponad 180 bilionów (standardowych) stóp sześciennych (Tcf). Warto przy tym[60] wspomnieć, że istnieje kilka pól naftowych, odwiertów i ropociągów naftowych zlokalizowanych w społecznościach całego dwudziestolecia trzech Obszarów Samorządowych (LGA) Państwa Rzeki[61]. Podobnie, jeśli chodzi o skroplony gaz ziemny (LNG), należy zauważyć, że Nigeria ustanowiła i prowadzi niektóre projekty LNG. Rzeczywiście, biorąc pod uwagę obfite zasoby gazu ziemnego

---

57 *Zob.* obszar strony głównej NNPC, zatytułowany "NNPC Business", z podtytułem "Upstream Ventures", znajdujący się na stronie http://nnpcgroup.com/NNPCBusiness/UpstreamVentures.aspx, dostępny w dniu 21 listopada 2017 r.

58 *Zob.* publikację zatytułowaną "Industry Overview", dostępną na stronie http://www.psac.ca/business/industry-overview/ w dniu 21 listopada 2017 r.

59 *Zob.* N. Briggs *et al* (red.), *The Economic Development of Rivers State: In commemoration of Port Harcourt Celebration*, *op cit.*, s. 90.

60 *Zob.* K. Eresia-Eke *i inni*, *Facts and Figures on NLNG 2016*, Port Harcourt, Nigeria LNG Limited (NLNG), 2016, s. 38.

61 Dwadzieścia trzy obszary właściwości użytkowych państwa nadrzecznego to obszary właściwości użytkowych Abua/Odual, Ahoada-Wschód, Ahoada-Zachód, Akuku-toru, Andoni, Asari-toru, Bonny, Degema, Emohua, Eleme, Etche, Gokana, Ikwerre, Khana, Obia/Akpor, Ogba/Egbema/Ndoni, Ogu/Bolo, Okrika, Omumma, Opobo/Nkoro, Oyigbo, Port-Harcourt i Tai.

w Nigerii, potrzebę ograniczenia spalania gazu w pochodni, aby ostatecznie zakończyć spalanie gazu poprzez uruchomienie rentownych projektów LNG, elektrowni i związanych z nimi projektów gazowych, Nigeria rozpoczęła realizację projektów LNG, aby rozwijać swój sektor przemysłu naftowego (tj. ropy i gazu).[62]

Pierwszym z projektówNigerii w zakresie LNG jest Nigeria LNG Limited (NLNG), która została utworzona 17 maja 1989 r. w celu wykorzystania ogromnych zasobów gazu ziemnego w Nigerii oraz produkcji LNG i NGL na eksport. Utworzenie NLNG zostało ostatecznie poparte ustawą Nigeria LNG.[63] Projekt NLNG jest pionierskim przedsięwzięciem Nigerii, którego celem jest zebranie związanego z nim gazu i przetworzenie go na LNG, tak aby zredukować emisję dwutlenku węgla *w wyniku spalania* gazu na pochodniach w ciągu dziesięcioleci eksploatacji zasobów rozwojowych. W ten sposób NLNG pomaga zmniejszyć profil spalania gazu w Nigerii z 65% do poniżej 25%, dostarczając około 40% rocznego krajowego LPG (gazu do gotowania) do lokalnej konsumpcji i przynosząc znaczne przychody dla kraju.[64] Kompleks zakładów NLNG znajduje się w Rivers State, w gminie Finima, wzdłuż Bonny Island, Bonny LGA stanu. W związku z tym ponad 110 sąsiadujących ze sobą gmin należących do projektu NLNG, tj. gminy Bonny, Ogba/Egbema/Ndoni, Ahoada East, Ahoada West, Abua/Odual, Emohua, Degema, Akuku-Toru, Asari-Toru i gminy Okrika należące do państwa, znajduje się na terenie różnych LGA państwa.

---

62 *Zob.* obszar strony głównej NNPC zatytułowany "NNPC Business", z podtytułem "Upstream Ventures", a następnie "Gas Production", dostępny na stronie http://nnpcgroup.com/NNPCBusiness/UpstreamVentures/GasProduction.aspx w dniu 19 listopada 2017 r.

63 *Zob.* ustawa z dnia 24 kwietnia 1989 r. o Nigeria LNG (obecnie Nigeria LNG (Fiscal Incentives, guarantees and Assurances) Act, Cap N87, LFN 2004). Jest to ustawa nadająca NLNG status pioniera i zwalniająca spółkę z podatków, opłat celnych, innych opłat i przepisów ustawy o przedprzesyłkowej inspekcji importu oraz przewidująca gwarancje i zapewnienia udzielane przez FG spółce i jej udziałowcom. NLNG jest własnością czterech udziałowców. Są to: FGN, reprezentowany przez Nigerian National Petroleum Corporation (NNPC), (49%); Shell (25,6%); Total Gaz Electricite Holdings France (15%) i Eni (10,4%). NLNG posiada spółki całkowicie zależne, mianowicie Bonny Gas Transport (BGT) Limited i NLNG Ship Management Limited (SML). Obecnie, z sześcioma działającymi pociągami, zakład NLNG, który znajduje się w Finimie na wyspie Bonny, w stanie Rivers,jest w stanie wyprodukować 22 mln ton LNG rocznie (MTPA) oraz 5 MTPA NGL (LPG i kondensat) z 3,5 mld (standardowych) stóp sześciennych dziennie (Bcf/d) poboru gazu ziemnego. Inicjatywy rozwojowe NLNG obejmują budowę siódmego pociągu uzupełniającego istniejącą strukturę sześciu pociągów, który po uruchomieniu zwiększy łączną zdolność produkcyjną spółki do 30 mln ton LNG rocznie (MTPA).

64 *Zob.* K. Eresia-Eke *i inni*, Facts and Figures on NLNG 2016, *op cit.*, s. 31.

Poza Rivers State, oprócz upadającego projektu Olokola LNG (OKLNG) w Nigerii,[65]kolejnym projektem LNG w regionie Delt jest projekt Brass LNG, który doprowadził do włączenia Brass LNG Ltd (BLNG) 20 lutego 2004 roku.[66] BLNG została powołana do budowy i eksploatacji instalacji LNG, która ma się znajdować na wyspie Brass, w stanie Bayelsa, wDelcie Środkowego Nigru, na podstawie umowy podpisanej w 2003 roku przez jej udziałowców.[67] BLNG buduje i eksploatuje zakład LNG na Wyspie Mosiądzu w stanie Bayelsa, w celu prowadzenia działalności w zakresie skraplania gazu, marketingu i dystrybucji w kraju.[68]

---

65 Projekt BLNG Nigerii został uruchomiony po upadku projektu Olokola LNG (OKLONG), który został zaproponowany przez FGN w 2005 r. i miał być zlokalizowany w strefie wolnego handlu Olokola (OKFTZ) między stanami Ondo i Ogun. *Patrz* publikacja gazety *ThisDay*, zatytułowana "Why NNPC May Cancel Olokola LNG Project in Ogun, Ondo States", z dnia 3 stycznia 2017 r., dostępna na stronie https://www.thisdaylive.com/index.php/2017/01/03/why-nnpc-may-cancel-olokola-lng-project-in-ogun-ondo-states/ w dniu 19 listopada 2017 r. *Zobacz również* obszar strony głównej NNPC na stronie "NNPC News & Update", z dopiskiem "NNPC okays Olokola LNG project", dostępny na stronie http://nnpcgroup.com/PublicRelations/NNPCinthenews/tabid/92/articleType/. ArtykułView/articleId/213/NNPC-okays-Olokola-LNG-project.aspx dostępny w dniu 19 listopada 2017 r. *Zobacz* stronę główną OKLNG, dostępną pod adresem http://oklng.com/ 19 listopada 2017 r. Zobacz *również* publikację O. Oredein, zatytułowaną "Chevron Nigeria wycofuje się z projektu Olokola LNG", dostępną na stronie http://www.gasprocessingnews.com/news/chevron-nigeria-withdraws-from-olokola-lng-project.aspx 19 listopada 2017 roku. *Poza tym patrz* E. T. Bristol-Alagbariya, *Participation in Petroleum Development: Towards Sustainable Community Development in the Niger Delta*, *op cit.*, s. 11.

66 Udziałowcami około 20 mld USD BLNG są Nigerian National Petroleum Corporation (NNPC), ENI International, Phillips (Brass) Limited (spółka powiązana z ConocoPhillips) oraz Brass Holdings Company Limited (spółka powiązana z Total [Total Nigeria Plc]). *Zob.* I. Izeze, "Brass LNG: Re-Streaming Divided JV Partners", dostępny na stronie http://www.gamji.com/article6000/NEWS7563.htm, dostępny w dniu 14 stycznia 2018 r. Patrz *również* publikacja M. Eboh z gazety *Vanguard*, zatytułowana "How FG made Brass, OKLNG projects fail - Gaius-Obaseki, others", datowana na 14 marca 2017 r., dostępna na stronie https://www.vanguardngr.com/ 2017/03/fg-made-brass-oklng-projects-fail-gaius-obaseki-others/dostępna 19 listopada 2017 r. *Zobacz również* publikację gazety *Daily Trust autorstwa* D. Adugbo, zatytułowaną "Nigeria's multi-billion dollar gas projects linger on", z dnia 20 marca 2017 r., dostępną pod adresem https://www.dailytrust.com.ng/news/business/nigeria-s-multi-billion-dollar-gas-projects-linger-on/189955.html w dniu 19 listopada 2017 r. *Patrz* publikacja gazety *Vanguard* z 15 czerwca 2017 r., zatytułowana "Dickson moves to actualise $20bn Brass LNG project", znajdująca się na stronie https://www.vanguardngr.com/2017/06/dickson-moves-actualise-20bn-brass-lng-project/, do której dostęp uzyskano 20 stycznia 2018 r.

67 *Zob.* publikację agencji informacyjnej *Reuters*, zatytułowaną "NigeryjskiSenat rozpoczyna mosiężne dochodzenie w sprawie korupcji w sektorze LNG", dostępną na stronie https://www.reuters.com/article/nigeria-gas-brass-lng-investigation/nigerias-senate-launches-brass-lng-corruption-investigation-idUSL4N1PJ498 w dniu 24 stycznia 2018 r. Zob. *również publikację* zatytułowaną "The Brass LNG Project", znajdującą się na stronie http://members.igu.org/old/gas-knowhow/publications/igu-publications/publications/mag/apr07/p177-201.pdf, dostępną dnia 19 listopada 2017 r.

68 *Zob.* publikację na temat Brass LNG Limited, dostępną na stronie https://www.vconnect.com/brass-lng-limited-eti_osa-lagos_b62836 w dniu 19 listopada 2017 r.

W porównaniu z wysokimi cenami ropy naftowej w poprzednich dekadach ery wydobycia ropy naftowej w Nigerii, nawet przy spadających w ostatnim czasie cenach ropy naftowej na świecie i kwaśnym wydobyciu ropy łupkowej w takich krajach jak USA, NLNG w stanie Rivers, z kompleksem fabrycznym w Finimie na Bonny Island, ogromnie pobudza gospodarkę polityczną kraju, np. poprzez wypłacanie dywidend akcjonariuszom, w tym rządowi federalnemu, za pośrednictwem NNPC.[69]

69 *Zob.* K. Eresia-Eke *i inni*, Facts and Figures on NLNG 2016, *op cit.*, s. 31. Zob. *też* publikacja "The *Arab Times"* z 2 lutego 2018 roku, zatytułowana "Shale production is booming as oil prices rise - Will it lead to less conventional investments?", dostępna na stronie http://www.arabtimesonline.com/news/shale-production-booming-oil-prices-rise-will-lead-less-conventional-investments/ w dniu 4 lutego 2018 roku. Olej łupkowy jest różnie nazywany "ropą łupkową", "ropą uwięzioną w łupkach" oraz "ropą uwięzioną w łupkach lekkich".

NIEKORZYSTNE SKUTKI DZIAŁAŃ ZWIĄZANYCH Z ZAGOSPODAROWANIEM ZŁÓŻ ROPY NAFTOWEJ ORAZ REAKCJE LUDZI I SPOŁECZNOŚCI RZEK STAN

Działania związane z zagospodarowaniem zasobów ropy naftowej w stanie Rivers i innych częściach regionu Delty oraz w innych obszarach wydobycia ropy naftowej w Nigerii generują negatywne skutki. Konsekwencje te występują częściej w bogatych w ropę społecznościach regionu Delt, gdzie działalność związana z zagospodarowaniem zasobów rozpoczęła się w kraju od drugiej połowy lat 50. ubiegłego wieku. Negatywne skutki nadal wywołują reakcje obywateli i grup ludności z bogatych w ropę naftową społeczności regionu Delt. Reakcje te koncentrują się na sposobach ochrony, zabezpieczania i poprawy stanu środowiskaoraz zapewnienia dobrobytu ludzi i przyszłych pokoleń tych społeczności.[70]

Negatywne skutki operacji zagospodarowania zasobów ropy naftowej w stanie Rivers i innych obszarach wydobycia ropy naftowej w bogatej w ropę mniejszości etnicznej regionu Delty Nigru mogą być różnie postrzegane przez różnych pisarzy. Ogólnie rzecz biorąc, konsekwencje te można sklasyfikować jako skutki środowiskowe, zdrowotne, ekonomiczne, społeczne, polityczne i inne związane z nimi. Konsekwencje te mogą również obejmować degradację środowiska naturalnego, dewastację i degradację ekologiczną, problemy zdrowotne oraz przymusowe (mimowolne) wysiedlenia i przesiedlenia.[71] Inne to niesprawiedliwe formuły podziału dochodów oparte na zasadzie pochodnej, ubóstwo wśród obfitości, brak upodmiotowienia ekonomicznego, możliwości bezrobocia w sektorze przemysłu naftowego oraz niewystarczający udział społeczności w działaniach na rzecz rozwoju zasobów naftowych na obszarach społeczności regionu bogatych w ropę naftową i innych obszarach wydobycia ropy naftowej w Nigerii[72]. W odniesieniu do degradacji środowiska

---

70 *Zob.* N. Briggs *et al* (red.), *The Economic Development of Rivers State: In commemoremation of Port Harcourt Celebration, op cit.*, s. 107-113. Zob. *także* T. N. Tamuno, *Oil Wars in the Niger Delta 1849-2009*, Ibadan, Stirling-Horden Publishers, 2011. Zob. L. S. Pyagbara, "The Adverse Impacts of Oil Pollution on the Environment and Wellbeing of a Local Indigenous Community: The Experience of the Ogoni People of Nigeria", będące prezentacją na spotkaniu Międzynarodowej Grupy Ekspertów na temat ludności tubylczej i ochrony środowiska, które odbyło się w Chabarowsku w Rosji w dniach 27-29 sierpnia 2007 r., dostępne na stronie http://www.un.org/esa/socdev/unpfii/d ocuments/workshop_IPPE_pyagbara.doc. dostęp: 20 listopada 2017 r. Zob. *również* A. A. Ikein, *The Impact of Oil on a Developing Country: The Case of Nigeria*, New York, Praeger, 1990.

71 *Zob.* E. T. Bristol-Alagbariya, "Compulsory Relocation of Finima Community for the Nigeria LNG Project and the International Regime on Involuntary Resettlement", UNIPORT Journal of Public Law, 2 stycznia 2017 r., s. 375-411.

72 *Zob.* zasada 10 Deklaracji z Rio w sprawie środowiska i rozwoju z1992 r., opracowana w Konwencji z Aarhus o uczestnictwie w sprawach dotyczących środowiska z 1998 r. Zob. *również* Deklaracja Narodów Zjednoczonych (Brisbane) w sprawie zaangażowania Wspólnoty z 2005 r.,

i rozproszenia, przypadki zanieczyszczenia wody i powietrza, jak również degradacji gleby, są powszechne w stanie Rivers i innych obszarach wydobycia ropy naftowej w Nigerii. Do degradacji i rozproszenia[73] środowiska w znacznym stopniu przyczyniają się zrzuty ścieków z wydobycia ropy naftowej, transportu i rafinacji, wycieki z rurociągów, zanieczyszczenie ropą naftowąi spalanie gazu na pochodniach, a także kwaśne deszcze[74] powstające w wyniku prac rozwojowych nad ropą naftową w regionach Delt wydobywających ropę naftową. Zanieczyszczenie ropą naftową jest często spowodowane brakiem dobrych praktyk w zakresie eksploatacji złóż ropy naftowej wśród koncernów naftowych, takich jak stosowanie niewłaściwych lub nieodpowiednich narzędzi i sprzętu. Zanieczyszczenie ropą naftową jest również spowodowane korzystaniem z przepełnionych instalacji rurociągów, zrzutami ścieków, a także nieprzestrzeganiem zasad BHP i ochrony środowiska oraz innych środków zapewnienia jakości. Są to, obok przypadków zanieczyszczenia ropą naftową, przypadki sabotażu i bunkrów olejowych,[75] popełnianych przez poszkodowaną młodzież bojowników w społecznościach producentów ropy naftowej. Jeśli chodzi o spalanie gazu na pochodniach, należy zauważyć, że Nigeria wypala więcej gazu ziemnego związanego z wydobyciem ropy naftowej niż jakikolwiek inny kraj na świecie. Tak więc w bogatym w ropę naftową regionie Delty Nigru istnieje około stu dwudziestu

---

dostępna na stronie http://static.qwad.com.au/iap2/files/ChapterResources_UNBrisbaneDeclarationCommunityEngagement.pdf w dniu 17 września 2017 r.

73 Szacuje się, że w ciągu ostatnich pięciu dekad działalności związanej z zagospodarowaniem złóż ropy naftowej w bogatym w ropę regionie Delty Nigru, do ekosystemu tego regionu zostało rozlanych około 9-13 mln baryłek (1,5 mln ton) ropy naftowej, a wielkość tego wycieku jest pięćdziesięciokrotnie większa niż szacowana wielkość wycieku ropy naftowej w Exxon Valdez na Alasce w 1989 roku. Innymi słowy, logicznym argumentem jest to, że w każdym roku z ponad pięćdziesięciu lat działalności w zakresie zagospodarowania złóż ropy naftowej w regionie Delt, wielkość wycieku ropy naftowej spowodowanego przez koncerny wydobywcze w bogatych w ropę społecznościach regionu jest równa wyciekowi ropy Exxon Valdez, który miał miejsce w 1989 roku na Alasce w USA. Patrz publikacja J. Campbella (Ralph Bunche Senior Fellow for Africa Policy Studies, Council on Foreign Relations, New York, USA), zatytułowana "Oil Pollution in the Niger Delta": Whose Fault?", dostępną na stronie http://www.huffingtonpost.com/amb-john-campbell/oil-pollution-in-the-nige_b_684608.html 30 września 2017 roku.

74 J. K. C. Nduka i O. E. Orisakwe, "Precipitation Chemistry and Occurrence of Acid Rain over the Oil-Producing Niger Delta Region of Nigeria", The Scientific World Journal, 10 (2010), s. 528-534.

75 *Zob.* publikacja *Information Nigeria*, z dnia 17 czerwca 2015 r., zatytułowana "Tag Archives: Illegal Oil Bunkering", znajdujące się na stronie https://www.informationng.com/tag/illegal-oil-bunkering, dostępne w dniu 30 września 2017 r. Zob. publikacja gazety *Premium Times* z dnia 24 grudnia 2016 r., z dopiskiem "Oil bunkering, theft, piracy reduce in Niger Delta - Nigerian Navy", dostępnej na stronie internetowej https://www.premiumtimesng.com/news/218855-oil-bunkering-theft-piracy-reduce-niger-delta-nigerian-navy.html, do której dostęp uzyskano dnia 30 września 2017 r.

trzech (123) miejsc spalania gazu ziemnego. Palenie[76] gazu jest szkodliwe dla ludzkości, a tym samym narusza podstawowe prawa człowieka do życia i godności osoby ludzkiej, jak również prawo ludzkości do zdrowego i zadowalającego środowiska związanego z wydobyciem ropy naftowej w regionie Delt. Paliwo gazowe jest również szkodliwe dla zwierząt, roślin i mikroorganizmów, a tym samym dla ekologii, ekosystemu i całego środowiska w regionie Delt.[77] Istnieje zatem potrzeba ograniczenia zjawiska spalania gazu na pochodniach, jak również ostatecznego zakończenia spalania gazu na pochodniach w regionie bogatych w ropę naftową delt.[78] Inne związane z tym konsekwencje, obawy i problemy społeczności wydobywających ropę naftową w stanie Rivers i innych stanach, ludności i społeczności zamieszkujących bogaty w ropę naftową region Delty Nigru obejmują konsekwencje społeczno-gospodarcze i polityczne, takie jak polityczne rozwarstwienie, zaniedbania, marginalizacja, tłumienie, ucisk i zapóźnienia w rozwoju, które rząd federalny nakłada na ludność zamieszkującą społeczności wydobywające ropę naftową w porozumieniu z MNOCs, w trakcie rozwoju zasobów ropy naftowej i ogólnego

---

76 W latach 1970-1986 w regionie bogatych w ropę naftową Delt wydobyto w przybliżeniu 125,5 mln metrów sześciennych gazu, z czego 102,3 (81,7%) mln metrów sześciennych zostało spalonych, 2,6 mln metrów sześciennych zostało wykorzystanych jako paliwo przez firmy zajmujące się rozwojem sektora naftowego, a około 14,6 mln metrów sześciennych zostało zużytych przez krajowe źródła w kraju. *Patrz* A. A. Kadafa, "Oil Exploration and Spillage in the Niger Delta of Nigeria", Civil and Environmental Research, 2 (3), 2012, str. 38-51.

77 Szansą dla społeczności międzynarodowej, którą Nigeria i jej firmy zajmujące się wydobyciem ropy naftowej i gazu mogą zbadać, aby pomóc w ograniczeniu spalania gazu w tym kraju, jest uzyskanie dostępu do programu redukcji spalania gazu na pochodniach Banku Światowego w ramach inicjatywy Banku Global Gas Flaring Reduction Partnership (GGFR). Jest to inicjatywa publiczno-prywatna składająca się z międzynarodowych i krajowych przedsiębiorstw naftowych, rządów krajowych i regionalnych oraz instytucji międzynarodowych. Zasady działania partnerstwa mają na celu zwiększenie wykorzystania gazu ziemnego związanego z wydobyciem ropy naftowej poprzez pomoc w usunięciu regulacyjnych i technicznych barier utrudniających redukcję emisji gazów na wylotach kominów, prowadzenie badań, rozpowszechnianie najlepszych praktykoraz programy redukcji emisji gazów na wylotach kominów w poszczególnych krajach rozwijających się. GGFR ma również na celu zwiększenie wspólnego dobrobytu podmiotów zaangażowanych w działania na rzecz rozwoju ropy naftowej i gazu ziemnego w krajach na całym świecie,tak aby położyć kres ubóstwu w krajach i społecznościach bogatych w ropę naftową na całym świecie. *Zob.* obszar strony głównej Banku Światowego zatytułowany "Global Gas Flaring Reduction Partnership (GGFR)", z podtytułem "Overview", dostępny na stronie http://www.worldbank.org/en/programs /gasflaringreduction accessed on 30 September 2017.

78 *Zob. dalej: Jonah Gbemre przeciwko The Shell Petroleum Development Company Nigeria Ltd (SPDC) i 2 Ors* (Supra), gdzie The Hon. Justice C. V. Nwokorie of the Federal High Court, Akpoba Hill, Benin City, powstrzymała 1. i 2. stronę pozwaną (będącą SPDC i NNPC) oraz ich pracowników lub osoby zatrudnione, lub w inny sposób, przed dalszym paleniem się gazu we Wspólnocie Skarżących (Iwherekan Community in Delta State) i podjęła natychmiastowe kroki w celu powstrzymania dalszego palenia się gazu we Wspólnocie Skarżących. *C/f* K. S. A. Ebeku, "Constitutional Right to a Healthy Environment and Human Rights Approaches to Environmental Protection in Nigeria: Gbemre v. Shell Revisited", Review of European Community and International Environmental Law (RECIEL), 16 (3), 2007, s. 312-320.

procesu budowania narodu w Nigerii.[79] The people of the oil-rich Delta Niger region and those of other oil producing areas of Nigeria are plagued with ineffective and inefficient EA processes and cases of violent conflicts, economic displacement and forced resettlement. Naród ten doświadcza również łamania swoich praw ekonomicznych, społecznych i kulturowych, a także praw człowieka i praw środowiska naturalnego w trakcie działań związanych z rozwojem sektora naftowego w swoich wspólnych ojczyznach. Ma to miejsce w szczególności w Państwie Rzeki.[80]

Z pewnością proces OOŚ wNigerii dotyczący projektów rozwoju ropy naftowej i innych głównych zasobów naturalnych można uznać za zwykły sługa rozwoju społeczno-gospodarczego i wzrostu, a także za drogę do degradacji zasobów, degradacji środowiskai dewastacji ekologicznej.[81]

---

79 *Zob.* "Just and Equitable Sharing Formula for Enthroning Peace and Sustainable Development in Nigeria (The Niger Delta Perspective)", dokument przedstawiony na krajowych warsztatach na temat "Just and Equitable Sharing Formula towards Constitutional Amendment", zorganizowanych przez Senacką Komisję Administracji Państwowej i Samorządowej, które odbyły się w dniach 6-8 maja 2008 r. w Abudży, przygotowany przez Rivers State Economic Advisory Council (RSEAC), Port Harcourt, dla i w imieniu rządu i ludności stanu Rivers. Zob. *również* "Legislative Action Plan on Petroleum Industry Reform: National Stakeholders' Summit Report", będąca broszurą z National Stakeholders' Workshop on Legislative Framework for Petroleum Industry Reform in Nigeria, zorganizowana przez Lapin-Reform, która odbyła się w Sheraton Hotel and Towers, Abuja, 2016, s. 52-54. S. Azaike, *Inequities in Nigerian Politics*, Yenagoa, Treasure Communications Resource, 2003, zwłaszcza s. 185-201. Patrz *również* E. C. Onwuka "Oil Extraction, Environmental Degradation and Poverty in the Niger Delta Region of Nigeria", International Journal of Environmental Studies, 62 (6), grudzień 2005, str. 655-662. Zob. *również* A. A. Ikein i C. Briggs-Anigboh, *Oil and Fiscal Federalism in Nigeria: The Political Economy of Resource Allocation in a Developing Country*, Vermont, Ashgate, 1998.

80 *Patrz* B. Manby, *The Price of Oil: Corporate Responsibility and Human Rights Violations in Nigeria's Oil Producing Communities*, Human Rights Watch, New York, 1999, zwłaszcza str. 112-141, 160-164. *Patrz również* raport I. Gary'ego i T. L. Karla, dotyczący ubóstwa w Afryce, zatytułowany "Bottom of the Barrel: Africa's Oil Boom and the Poor's", Catholic Relief Services, czerwiec 2003 r., dostępny na stronie http://www.catholicrelief.org/get_involved/advocacy/policy_and_strategic_issues/oil_report_full.pdf w dniu 20 listopada 2017 r. Zob. *również* E. C. Onwuka, "Oil Extraction, Environmental Degradation and Poverty in the Niger Delta Region of Nigeria", *op cit. Zob.* I. Bannon i P. Collier (red.), *"Natural Resources and Violent Conflict": Options and Actions*, Washington DC, The World Bank, 2003.

81 Ogólnie rzecz biorąc, Nigeria i inne kraje rozwijające się, które są bogato wyposażone w główne zasoby naturalne, promują rozwój gospodarczy i wzrost kosztem ochrony środowiska i rozwoju zrównoważonego. Poza oskarżeniami i kontrskarżeniami wysuwanymi między krajami globalnej północy (tj. krajami rozwiniętymi) a krajami globalnego południa (tj. krajami rozwijającymi się), dotyczącymi sposobu, w jaki kraje globalnej północy i ich wielonarodowe przedsiębiorstwa (KTN) są głównymi promotorami industrializacji i jej negatywnych konsekwencji, takich jak zanieczyszczenie środowiska, degradacja i rozproszenie; rządy krajów rozwijających się, które są bogato wyposażone w główne zasoby naturalne, nie mają zdolności i woli politycznej do energicznej realizacji strategii rozwoju zrównoważonego, tak jak ma to miejsce na globalnej północy. Strategie te obejmują ochronę środowiska zorientowaną na rozwój zrównoważony oraz prawa i regulacje dotyczące ochrony przyrody, a także PPP. A. Gilpin, *Dictionary of Environmental Law*, *op cit.*, str. 97. Zob. *również* L. Atsegbua *i inni*, *Prawo ochrony środowiska*

W związku z tym, w trakcie trwającej reformy przemysłu naftowego w Nigerii, obawy i wzburzenie rządu i ludności stanu Rivers i innych stanów bogatych w ropę naftową mniejszości etnicznych regionu Delt dotyczą przede wszystkim tego, w jaki sposób działania na rzecz rozwoju zasobów w kraju przyczyniłyby się do rozwoju zrównoważonego pod względem środowiskowym oraz sprawiedliwego pod względem gospodarczym i społecznym regionu Delt. Wypowiedzi rządów i mieszkańców regionu Delt wynikają z żałosnego stanu ich środowiska, niskiego standardu życia mieszkańców i okropnego braku wzrostu społeczno-gospodarczego i rozwoju w regionie w ciągu prawie sześciu dekad działań na rzecz rozwoju zasobów naftowych w społecznościach regionu. I tak na przykład, gdy obywatele i grupy obywatelskie regionu Delt badają wyzwania ery rozwoju zasobów ropy naftowej w regionie, wyśledzą korzenie ciągłego niewłaściwego zarządzania bogactwem Nigerii, które pochodzi z działań na rzecz rozwoju zasobów ropy naftowej, aż po złe zarządzanie krajem.[82] These public interest groups decry a characteristic situation in Nigeria where petroleum and other major natural resources development operations are yet to be able to sufficiently boost wealth creation for further economic development, promote economic diversification and enhance overall public good, with the aid of accountable, responsive and responsible governance in the country.[83] Większość obywateli i grup obywateli regionu Delty Ropy Naftowej, zamieszkałych przez bogatą w ropę naftową mniejszość etniczną, opowiada się zatem za szeroko uznawaną i akceptowaną

---

w Nigerii: Theory and Practice, Benin City, Ambik Press, 2010, s. 86-87. Zob. W. R. Thompson i R. Reuveny, *Limits to Globalization: North-South Divergence (Rethinking Globalizations)*, Abingdon, Routledge, 2010. A. Gallas *et al* (red.), *Combating Inequality The Global North and South*, Abingdon, Routledge, 2016. Zob. S. Alam *et al (red.)*, *International Environmental Law and the Global South*, Cambridge, Cambridge University Press, 2016. Zob. *także* R. L. Blumberg i S. Cohn (red.), *Development in Crisis: Threats to Human Well-being in the Global South and Global North*, Abingdon, Routledge, 2016. *Patrz* J. S. Dryzek, *The Politics of the Earth: Environmental Discourses*, Oxford, Oxford University Press, 2005.

82 *Zob.* M. T. Ladan, *Sustainable Development Goals, Climate Change and Extractive Resource Management in Africa*, Zaria, Ahmadu Bello University Press, 2017, zwłaszcza s. 473-475.

83 *Zob.* E. B. Barbier, *Natural Resources and Development*, Cambridge, Cambridge University Press, 2007, zwłaszcza s. 344-372. Patrz *także*: P. D. Cameron i M. C. Stanley, *Oil, Gas and Mining: A Sourcebook for Understanding the Extractive Industries*, Washington DC, International Bank for Reconstruction and Development (IBRD)/Bank Światowy, 2017. Ogólnie rzecz biorąc, siódmy Sekretarz Generalny ONZ, Kofi Annan, którego kadencja trwała od 1 stycznia 1997 r. do 31 grudnia 2006 r., trafnie opisuje związek dobrych rządów (GG - good political leadership) z SD w następujący sposób: "dobre rządy i SD są niepodzielne. W ten sam sposób WCED podkreśliła, że "w ostatecznym rozrachunku zrównoważony rozwój musi opierać się na woli politycznej". *Zob.* przemówienie inauguracyjne Kofiego Annana z dnia 28 lipca 1997 r., przedstawione na "Międzynarodowej konferencji ONZ na temat zarządzania na rzecz zrównoważonego wzrostu i sprawiedliwości", która odbyła się w Nowym Jorku w dniach 28-30 lipca 1997 r., dostępne na stronie http://www.un.org/press/en/1997/19970728.SGSM6291.html w dniu 12 lutego 2018 r. Zob. *także* WCED, *Nasza wspólna przyszłość, op cit.*, s. x-23, zwłaszcza s. 9.

na arenie międzynarodowej polityką porównawczą, a także zasystemami prawnymi i regulacyjnymi oraz praktykami państwowymi, które powinny formalnie uznać społeczności producentów ropy naftowej za główne zainteresowane strony działalności gospodarczej Nigerii w zakresie rozwoju ropy naftowej, które powinny być uprawnione do czerpania z tej działalności korelatywnych (tj. sprawiedliwych i równych) korzyści.[84] Inne wypowiedzi obywateli i grup obywateli regionu Delty wskazują na potrzebę ochrony ich interesów jako mniejszości (w oparciu o rezolucję Zgromadzenia Ogólnego ONZ [ZO ONZ] nr 47/135 z dnia 18 grudnia 1992 r., jak również na[85] potwierdzenie prawdziwego federalizmu (wzmocnionego federalizmem podatkowym) i autentycznej demokracji w FRN, tak aby wola i dobrobyt obywateli Nigerii były najważniejszymi problemami rządów w federacji. Obywatele i grupy obywatelskie regionu Delty oraz prawdziwi federaliści i siły prodemokratyczne w Nigerii uważają, że ich życzenia i żądania dotyczące lepszej Nigerii są istotne dla pozytywnego przekształcenia federacji w ogólnym interesie jej licznych obywateli i grup składowych.[86]

Zwłaszcza w odniesieniu do środowiska naturalnego, które ma kluczowe znaczenie w kontekście tego rozdziału, wystarczy wspomnieć w tym miejscu, że podczas alarmującego stopnia negatywnych skutków działań związanych z zagospodarowaniem zasobów ropy naftowej doszło do ogromnej degradacji i rozpadu i tak już wrażliwego stanu środowiska fizycznego stanu Rivers State i innych obszarów bogatego w ropę naftową regionu Delty Nigru przed rozpoczęciem działań związanych z zagospodarowaniem zasobów około sześćdziesiąt lat temu. Na przykład przed rozpoczęciem działań na rzecz rozwoju zasobów, kiedy pragnienia którejkolwiek z trzech głównych grup etnicznych Nigeriipanowały nad ich regionami, Komisja Willinka - utworzona w 1957 roku przez rząd odchodzącej Kolonii Brytyjskiej, aby "zbadać obawy mniejszości i sposoby ich uspokojenia", po wzburzeniu się mniejszościowych grup etnicznych kraju o ich marginalizację w tych trzech regionach -

---

84 *Zob.* doktryna praw korelacyjnych, która podkreśla sprawiedliwy i uczciwy udział w rozwoju ropy naftowej i gazu, która była rozpatrywana w sprawie *Elliff przeciwko Texon Drilling Co.* 210 S. W. 2d 558 (Tex. 1948). *Patrz również:* L. Barrera-Hernandez *et al* (red.), *Sharing the Costs and Benefits of Energy and Resources Activity: Legal Change and Impact on Communities*, Oxford, Oxford University Press, 2016.

85 Rezolucja Zgromadzenia Ogólnego ONZ 47/135 z 18 grudnia 1992 r. jest zatytułowana "Deklaracja o prawach osób należących do mniejszości narodowych lub etnicznych, religijnych i językowych".

86 *Zob.* N. Briggs *et al* (red.), *The Economic Development of Rivers State: In commemoremation of Port Harcourt Celebration, op cit.*, s. 87-90. Zob. *także* E. T. Bristol-Alagbariya, "Ongoing Reform of the Nigerian Petroleum Industry: The Case of the Oil Producing Communities and Positive Transformation of Nigeria", Environmental and Planning Law Review (EPLR), 13 (1-2), 2016, s. 1215-1245).

odnotowała zaniedbany i godny ubolewania stan środowiska fizycznego i zły stan ludności w regionie Delt. W raporcie Komisji Willink z 1958 r. dokładnie opisano region (tj. strefę etniczną mniejszości południowej, inaczej zwaną strefą południowo-południową FRN) jako "biedny, zacofany i zaniedbany", w trakcie budowania narodu w federacji.[87] Około trzy i pół dekady po opublikowaniu raportu Komisji Willink, badania zleconego przez Rivers Chiefs and Peoples' Conference (RCPC), grupę społeczeństwa obywatelskiego Rivers State, zbadały stan środowiska naturalnego bogatego w ropę naftową regionu Delty Nigru i doszły do wniosku, że to samo stało się bardziej zdegradowane, bardzo rozpieszczone i niezwykle żałosne, ze względu na przerażający stopień negatywnych konsekwencji działań na rzecz rozwoju zasobów ropy naftowej w regionie. Najnowsze badania pokazują również, że środowisko naturalne w tym regionie jest w ogromnym stopniu zanieczyszczone i zdegradowane, tak że ekologia regionu jest bardzo zniszczona, a jego ekosystem żałośnie zdewastowany. W rzeczywistości środowisko w bogatym w ropę naftową regionie Delty jest tak bardzo zdewastowane, że region ten stał się znany jako najbardziej zagrożony region delt na świecie.

---

87 The Willink Commission, *NIGERIA Report of the Commission Appointed to Enquire into The Fears of Minorities and The Means of Allaying Them,* London, Her Majesty's Stationery Office (HMSO), Port Harcourt, Southern Minorities Movement (SMM), 1958, s. 51-52. *Zob. także* D. S. P. Alamieyeseigha, "The Environmental Challenge of Developing the Niger Delta", s. 2-3, dostępne na stronie http://www.gasandoil.com/news/africa/dc25fd9a4f269db32cbd840c81556edb. Dostępny od 01 września 2017 r. Fallouts of the Willink Commission Report, 1957, include the creation of the Niger Delta Development Board (NNDB), via the NNDB Act of 1961; the Oil Minerals Producing Areas Development Commission (OMPADEC), via Decree No. 23 of 1992; the River Basins Development Authorities (RBDA) system based in the RBDA Decree No. 25 and 37, 1976 and RBDA Act (Cap. R9, LFN 2004); publication of "The Endangered Environment of the Niger Delta: An NGO Memorandum of the Rivers Chiefs and Peoples' Conference', Port Harcourt, Nigeria, for the World Conference of Indigenous Peoples on Environment and Development and the United Nations Conference on Environment and Development, Rio de Janeiro, Brazil, 1992; oraz Petroleum (Special) Trust Fund (PTF) via the PTF Act, No. 25 of 1994 (Cap. P14, LFN 2004). Inne zapisy Raportu Komisji Willink'a to The Niger Delta Environmental Survey (NDES) 1995; Report of the Annual Conference of the Environmental Protection Society of Nigeria, 1999; the Establishment of the Niger Delta Development Commission (NDDC) via the Niger-Delta Development Commission (Establishment, etc.) Act, 2000 (No. 6 LFN 2000, Cap N86, LFN 2004); specjalny komitet bezpieczeństwa generała Alexandra Ogomudii ds. obszarów produkcji ropy naftowej z 2001 r.; powołanie Komitetu Technicznego Delty Nigru (TCND) i utworzenie Ministerstwa Delty Nigru w 2008 r.; oraz ustawa zmieniająca (ustanowienie) Komisji Rozwoju Delty Nigru (NDDC), 2017 r. (NDDC Amendment Act). F. Emiri i G. Deinduomo (red.), *Law and the Petroleum Industry in Nigeria: Obecne wyzwania: Essay in Honour of Justice Kate Abiri*, Lagos, Malthouse Press, 2009, s. 243-274. U. Ekpo, *The Niger Delta and Oil Politics*, Lagos, International Energy Communications, 2004. SMM, *An Appraisal of the Nigerian Crisis and Solution*, op. *cit.* Zob. SMM, *The Struggle and the Future*, op. *cit.*

Z pewnością, biorąc pod uwagę szeroki charakter tematyki środowiska oraz dostępność ogromnej literatury na temat negatywnych skutków działań związanych z zagospodarowaniem zasobów ropy naftowej w stanie Rivers i innych częściach mniejszościowego, bogatego w ropę naftową regionu Delt, niniejsza monografia będzie kontynuacją dyskusji na temat tego, w jaki sposób ocena oddziaływania na środowisko (EA) może pomóc w ochronie środowiska i promowaniu rozwoju zrównoważonego, w trakcie działań związanych z zagospodarowaniem zasobów w państwie, ze szczególnym uwzględnieniem Ogoniland. Z pewnością tendencja wydarzeń związanych z negatywnymi skutkami rozwoju zasobów ropy naftowej w państwie rzecznym od ery kryzysów wspólnotowych z lat 90. do trwającej ery wdrażania raportu UNEP o EA Ogoniland podkreśla znaczenie EA jako narzędzia ochrony, zarządzania i poprawy stanu środowiska oraz techniki rozwoju zrównoważonego w trakcie operacji rozwoju zasobów w państwie.[88]

ROZWÓJ PETROLEUM W PAŃSTWACH TRZECICH Od lat 90-tych WSPÓLNOTOWE KRYZYZYTY DO ERA WYKONANIA SPRAWOZDANIA SPRAWOZDANIA SPRAWOZDANIA SPRAWOZDANIA NZ w 2011 r. OGÓLNEJ GOSPODARCZEJ OGÓLNOTY NA RZECZ EA OGÓLNOTY

W latach 90-tych XX wieku w stanie Rivers State i innych częściach bogatego w ropę naftową regionu etnicznych delt zaczął być świadkiem kryzysów społecznych, pogłębianych przez odpoczynek młodzieży, z powodu negatywnych skutków rozwoju naftowego w społecznościach regionu. W związku z tymi kryzysami, aktywistyczne grupy społeczne i inne grupy społeczeństwa obywatelskiego Państwa Rzeki i innych części regionu Delt zaczęły składać deklaracje, żądania i inne związane z nimi oświadczenia na temat dalszych działań. Deklaracje te obejmują następujące elementy: Ogoni Bill of Rights z 1990 r., Kaiama Declaration z 1998 r., the Resolution of the First Urhobo Economic Summit, the Warri Accord, the Aklaka Declaration of the Egypt People, the Oron Bill of Rights, the Demand of the First Niger Delta Indigenous Women's Conference for Women of Bayelsa State, the Declaration of the Ikwerre Rescue Charter, the Declaration of the Niger Delta Bill of Rights, and other related declarations, pronouncements and demands of other community-based groups of the region. Niektóre z tych grup społeczeństwa obywatelskiego, składające się z bojowników, to: Siły Ochotnicze Delty Nigru (NDVF), Front Wyzwolenia Delty Nigru (NDLF), Ruch na rzecz Wyzwolenia Delty Nigru (MEND), Delta Vigilante Nigru (NDV) i Ruch Bakassi na rzecz

---

88 *Zob. UNEP, Environmental Assessment of Ogoniland*, Nairobi, UNEP, 2011.

Samostanowienia (BAMOSD). Wspólny program lub tematyka podkreślające deklaracje, oświadczenia i żądania społeczności i grup społeczeństwa obywatelskiego Stanu Rzeki oraz innych części regionu Delty Mniejszości Etnicznych to kwestia kontroli zasobów.[89]

The resource control movement, which is a resistance movement historically associated with ethnic minority Rivers State and other areas of Nigeria's ethnic minority Delta region, presents the yearnings of the people of Rivers State and other parts of the ethnic minority Delta region to have a greater control over the petroleum resources of their communal homelands, in a correlative socially-justifiable, equitable and fair manner. Ruch ten został zainicjowany w celu osiągnięcia prawdziwego federalizmu politycznego i podatkowego w Nigerii. Jest on również ruchem oporu przeciwko rządowi federalnemu (FG, w tym federalnemu rządowi wojskowemu - FMG) i MNOC działającym w bogatym w ropę naftową regionie etnicznych delt.[90] Ruch ten domagał się zatem

---

89 *Zob.* E. T. Bristol-Alagbariya, "Ongoing Reform of the Nigerian Petroleum Industry: The Case of the Oil Producing Communities and Positive Transformation of Nigeria", *op cit.*, s. 1227.

90 *Patrz: Social and Economic Rights Action Centre (SERAC) & Anor przeciwko Nigerii (*2001) AHRLR 60 (ACHPR 2001), komunikat 155/96, decyzja podjęta na 30. sesji zwyczajnej, październik 2001, 15. roczne sprawozdanie z działalności Afrykańskiej Komisji Praw Człowieka i Ludów (ACHPR). Sprawa ta została wniesiona do Komisji (tj. ACHPR) przez SERAC i Centrum Praw Gospodarczych i Społecznych (CESR) przeciwko rządowi Nigerii. Sprawa pokazuje szkodliwe skutki globalizacji gospodarczej w Nigerii, gdzie rząd tego kraju i MNOC (w tym przypadku Shell Nigeria [SPDC]) wykorzystywali personel wojskowy, w szczególności grupę zadaniową ds. bezpieczeństwa wewnętrznego stanu Rivers, do nadużyć gospodarczych, prawa społeczne i kulturalne oraz prawa człowieka i prawa ochrony środowiska w Ogonilandzie, naruszającart. 2, 4, 14, 16, art. 18 ust. 1, art. 21 i 24 Afrykańskiej Karty Praw Człowieka i Ludów (ACHPR), Komisja uznała, że FRN naruszyła wyżej wymienione artykuły ACHPR. W związku z tym Komisja zaapelowała do rządu Nigerii o zapewnienie ochrony środowiska naturalnego, zdrowia i środków do życia ludności Ogonilandu. N. S. Okogbule, *Globalisation and Human Rights in Africa*, Lagos, Sibon Books, 2012, s. 116, 135, 198, 216-249, w szczególności s. 217 i 248-249. Zob. *również* następujące przełomowe procesy sądowe dotyczące współudziału SPDC w naruszaniu praw człowieka i nadużywaniu praw ochrony środowiska w Ogonilandzie w ogóle, w szczególności dotyczące arbitralnego aresztowania, niesprawiedliwego procesu, skazania i sądowego zabójstwa przez powieszenie Kena Saro-Wiwy i jego ośmiu krewnych Ogoni w dniu 10 listopada 1995 r., pod rządami wojskowymi Nigerii. Procesy te, wszczęte przeciwko Shell w Nowym Jorku, zostały ostatecznie rozstrzygnięte pozasądowo na korzyść powodów z ugrupowania Ogoni w czerwcu 2009 roku. W trakcie procesu, odmawiając współudziału, Shell wynegocjował ugodę pozasądową i zgodził się zapłacić 15,5 mln USD jako rekompensatę dla mieszkańców Ogoni, w celu zaspokojenia ich roszczeń wobec SPDC i jej spółki dominującej (Royal Dutch Petroleum Company [Royal Dutch Shell plc]). Ugoda pozasądowa polegała na utworzeniu trustu na rzecz społeczności Ogoni. Pozwy zostały wniesione przez *Wiwa i in., przeciwko Royal Dutch Petroleum Company i in.* , sprawa nr 96 Civ. 8386 (KMW) (HBP) (S.D.N.Y.); *Ken Wiwa et al., przeciwko Brian Anderson et al. , sprawa nr* 01 Civ. 1909 (KMV) (HBP) (S.D.N.Y.); oraz *Wiwa przeciwko Shell Petroleum Development Company of Nigeria Limited (SPDC)*, 04 Civ. 2665, (S.D.N.Y.). *Zob.* dokument zatytułowany "Wiwa v. Shell - Settlement Agreement and Mutual Release", opublikowany przez Amerykański Sąd Rejonowy dla Południowego Okręgu Nowego Jorku w dniu 8 czerwca 2009 r., dostępny na stronie https://ccrjustice.org/home/what-we-do/our-cases/wiwa-et-al-v-royal-dutch-petroleum-et-al w dniu 22 lutego 2018 r. Zob. *również* E. T. Bristol-Alagbariya, *Participation in Petroleum*

ugruntowania zasad i praktyk prawdziwego federalizmu, wzmocnionego stabilnymi, przejrzystymi i odpowiedzialnymi rządami demokratycznymi, opartymi na sprawiedliwości, sprawiedliwości społecznej i fair play, między różnymi grupami etnicznymi i obywatelami Nigerii oraz pomiędzy nimi. Ruch ten wzywa do większego udziału obywateli mniejszościowego regionu etnicznego Delty w ich wewnętrznych sprawach oraz w sprawach Nigerii dotyczących ich samych i ich wspólnych ojczyzn. Increasing agitation for a socially just, fair, equitable, stable and prosperous Nigeria based on the practice of true federalism, centred on true fiscal federalism, being canvassed by various component ethnic groups, especially those of the oil-rich minority ethnic Delta region in the course of Nigeria's protracted petroleum industry reform, should thus not be ignored by the cabals in government, as these agitation are in the overall interest of the country.[91]

Marginalizacja i zaniedbanie ludności stanu Rivers oraz agitacja na rzecz kontroli zasobów w państwie i innych częściach mniejszościowego regionu etnicznych Delt rozpoczęły się w czasach kolonializmu brytyjskiego. W tym czasie opór wobec brytyjskiego rządu kolonialnego ze strony ludzi i przywódców starożytnych Państw Handlowych Rivers State i reszty regionu Delt wywołał reakcje karne wobec takich monarchów regionu jak Dappa Pepple z Bonny w 1854 roku, Jaja z Opobo w 1887 roku, Nana Olomu z Itsekiri w 1894 roku, Koko z Nembe (Brass) w 1895 roku i Ovonramwen z Beninu w 1897 roku. Inne ruchy oporu mniejszościowego regionu etnicznych Delt w czasach kolonializmu brytyjskiego obejmowały nalot na Akassa w 1895 roku, któremu przewodził król Koko, oraz masowe protesty, takie jak ten, który miał miejsce w Igwenga (popularnie nazywany zamieszkami kobiet w Aba) w 1929 roku.[92] W nigeryjskiej epoce regionalnej, w latach 1939-1967, kiedy to wolą trzech głównych grup etnicznych kraju rządziły najwyższe ruchy oporu mniejszościowego regionu Delty, które domagały się, aby głos obywateli i grup obywatelskich regionu był słyszalny w sprawach regionu wschodniego, zaowocowało to powstaniem ruchu stanowego "Cross-River-Ogoja" (COR), kierowanego przez czcigodnego sędziego Udo Udoma, a także Ruchu na rzecz Stworzenia Stanu Rzeki, któremu przewodniczyła Konferencja Szefów Rzeki i Ludów (RCPC). Ruchy oporu mniejszościowego etnicznego regionu

---

Development: Towards Sustainable Community Development in the Niger Delta, *op cit.*, s. 221. S. Wolf and N. Stanley, *Wolf and Stanley on Environmental Law*, Abingdon, Routledge, 2014, s. 496-497 i 523-524.

91 *Zob.* E. T. Bristol-Alagbariya, "Ongoing Reform of the Nigerian Petroleum Industry: The Case of the Oil Producing Communities and Positive Transformation of Nigeria", *op cit.*, s. 1228.

92 *Zob.* M. Matera *i inni*, *The Women's War of 1929: Gender and Violence in Colonial Nigeria*, Hampshire, Palgrave Macmillan, 2012.

Delty Rzeki w erze większościowego etnicznego rządu regionalnego Igbo hegemonicznego Wschodu obejmowały utworzenie partii znanej jako Kongres Delty Nigru (NDC), założonej przez szefa H.J.R. Dappa-Biriye,[93] oraz 12-dniową rewolucję w Delcie Nigru Isaaca Adaka Boro z 1966 r.[94] Historyczny trend ruchów oporu w tym regionie Delty jest związany z wyżej wymienionymi kryzysami społecznymi i ruchami oporu z lat 90. dotyczącymi negatywnych skutków rozwoju zasobów ropy naftowej dla społeczności stanu Rivers i innych stanów regionu.[95]

Godny ubolewania brak bezpieczeństwa w stanie Rivers i innych częściach regionu Delty wywołany ruchami kontroli zasobów zaczął tłumić nigeryjski przemysł naftowy,ponieważ ruchy te, zainicjowane przez bojowników młodych ludzi, zaczęły atakować aktywa FG's petroleum development Joint Venture (JV) w regionie.[96]

W tym momencie można przypomnieć, że częściowe i paliatywne działania kolejnych GF-ów, mające na celu zaradzenie zaniedbaniom, marginalizacji i wyzwaniom rozwojowym spowodowanym przez kryzysy w regionie Delty, rozpoczęły się, gdy brytyjska administracja kolonialna miała przyznać Nigerii polityczną niezależność. W postkolonialnej Nigerii, w następstwie działań interwencyjnych podejmowanych przez poprzednie rządowe służby leśne, począwszy od utworzenia nieistniejącej już Rady Rozwoju Delty Nigru (NDDB), aż po ustanowienie Urzędu ds. Rozwoju Dorzecza Delty Nigru (NDRBDA) w epoce systemu Urzędu ds. Rozwoju Dorzecza (RBDA), a następnie Komisji Rozwoju Obszarów Produkcji Minerałów Ropy Naftowej (OMPADEC), kolejne rządowe służby leśne podejmowały podobne wysiłki na rzecz rozwoju regionu Delt. Tak więc w kwietniu 2006 r. rząd federalny pod przewodnictwem prezydenta Oluseguna Obasanjo powołał Radę ds. Rozwoju Społeczno-Gospodarczego Państw Przybrzeżnych Delty Nigru (SEDCOSND).

93 *Patrz* S. T. Olali (red), *Życie i dziedzictwo: Biographical Essays in memory of Chief (Dr.) Harold Jeneibiwari Dappa-Biriye CON; LLD; FHSN; JP (1920-2005)*, Benin City, The Bayelsa State Government through the Office of the Chief Historian and Archivist of Bayelsa State, 2016. *Zob. również* A. Etekpe *i inni* (red.), *Harold Dappa-Biriye: His Contributions to Politics in Nigeria*, Port Harcourt, Onyoma Research, 2003.

94 *Patrz* S. T. Olali (red), *Przed i po rewolucji: Eseje majora Isaaca Jaspera Adaka Boro 10 września 1938 r. - 16 maja 1968 r.*, Port Harcourt, Towarzystwo Historyczne Nigerii/Urzędujący Główny Historyk i Archiwista Stanu Bayelsa, Nigeria, 2013, zwłaszcza s. 105-118.

95 *Zob.* E. T. Bristol-Alagbariya, *Udział w rozwoju sektora naftowego: Towards Sustainable Community Development in the Niger Delta*, *op cit.*, s. 131 i 318. Zob. *również* E. T. Bristol-Alagbariya, "Ongoing Reform of the Nigerian Petroleum Industry: The Case of the Oil Producing Communities and Positive Transformation of Nigeria", op *cit.*, s. 1227.

96 *Dalej patrz* E. T. Bristol-Alagbariya, *Udział w Rozwoju Ropy Naftowej: Towards Sustainable Community Development in the Niger Delta*, *op cit*, s. 27.

Administracja prezydenta Obasanjo ogłosiła, że powołała SEDCOSND, ponieważ administracja stwierdziła, że naród nigeryjski nadal zawodzi w regionie Delty; że wysiłki kolejnych GE na rzecz rozwiązania problemów związanych z marginalizacją i rozwojem regionu Delty nie przyniosły jeszcze znaczących skutków dla życia mieszkańców tego regionu. Decyzja administracji prezydenta Obasanjo o utworzeniu SEDCOSND doprowadziła do utworzenia w 2000 r. Komisji Rozwoju Delt Nigru (NDDC). Następnie rząd federalny, któremu przewodniczył prezydent Umaru Musa Yar'Adua (który zastąpił prezydenta Obasanjo), podjął szereg inicjatyw mających na celu sprostanie ciągłym zaniedbaniom, marginalizacji i wyzwaniom rozwojowym, przed jakimi stoi region Delty Nigru w nigeryjskiej polityce. Administracja prezydenta Yar'Aduazainaugurowała utworzenie Komitetu Technicznego ds. Delty Nigru (TCND), a także powołała we wrześniu 2008 r. Ministerstwo Delty Nigru. Rząd upoważnił Komitet Techniczny ds. Delty Nigru (TCND) do przeglądu wszystkich zaleceń zaproponowanych przez różne komisje i misje upoważnione przez kolejne rządy centralne Nigerii, począwszy od epoki kolonialnej w Wielkiej Brytanii, w celu podjęcia wyzwań rozwojowych w regionie Delty Nigru.[97] Ponadto, w celu rozwiązania problemu braku bezpieczeństwa życia i mienia w trakcie rozwoju ropy naftowej w regionie Delty, administracja prezydenta Yar'Adua zainicjowała w październiku 2009 r. trwający program amnestii w Delcie Nigru. Aby uruchomić ten program, 25 czerwca 2009 r. prezydent Yar'Adua ogłosił 60-dniowy okres karencji bezwarunkowej amnestii dla bojowników w kryzysowym regionie Delty Nigru, aby zaakceptować, jako krok w kierunku stabilizacji, konsolidacji i utrzymania warunków bezpieczeństwa w regionie, a także jako warunek wstępny promowania rozwoju gospodarczego w regionie.[98] Przyjęcie amnestii przez byłych bojowników w Delcie Nigru, zwanych również byłymi bojownikami, doprowadziło do formalnego rozpoczęcia programu amnestii obejmującego reformę, rehabilitację i reintegrację byłych bojowników w ramach zorganizowanego programu rozbrojenia, demobilizacji i reintegracji społecznej (DDR). Aby ostatecznie zintegrować byłych bojowników ze społeczeństwem, GF zobowiązała się do kształcenia i pomocy w samozatrudnieniu lub przekazaniu ich na staż pracy, w trakcie procesu reintegracji w ramach programu amnestii.[99]

97 Ibidem, s. 57-62.

98 *Zob.* E. T. Bristol-Alagbariya, *Governance Towards Sustainable Development in Nigeria: The Role of Strategic Assessment of Decisions & Actions, op cit., str.* 241-242.

99 Ibidem, s. 242.

Podczas gdy program amnestii jest nadal realizowany, aczkolwiek obarczony pewnymi wyzwaniami związanymi z jego realizacją, niektóre grupy bojowników z bogatego w ropę regionu Delt wznowiły działania wojenne przeciwko aktywom JV w zakresie rozwoju wydobycia ropy naftowej przez FG w społecznościach regionu. Aby zaradzić tej sytuacji w kontekście długotrwałego zaniedbania i marginalizacji regionu Delt, obecny przewodniczący rządu Muhammadu Buhari podejmuje wysiłki w celu zbadania, w jaki sposób rząd sprawiłby, że mieszkańcy regionu mogliby odnieść sprawiedliwe korzyści z działalności przemysłu naftowego w swoich gminnych krajach. GF ogłosił swoją nową wizję mającą na celu partnerstwo z państwami, koncernami naftowymi i społecznościami producentów ropy naftowej w regionie Delt. Rząd wyraził zamiar zwiększenia zainteresowania społeczności producenckich ropą naftową, tak aby stały się one ośrodkami przemysłu petrochemicznego i rafinerii ropy naftowej, co określiłoby przyszłość przemysłu naftowego. Rząd stwierdził, że będzie współpracował z podmiotami zajmującymi się bunkrowaniem ropy naftowej i nielegalną rafinacją w państwie nadrzecznym i innych częściach regionu Delty w ramach proponowanego modułowego programu rafinerii, który zastąpi istniejące nielegalne rafinerie i tym samym stworzy realne możliwości zatrudnienia w regionie. Ponadto, aby nadać większe znaczenie życiu mieszkańców regionu Delt, GF zamierza utworzyć elektrownie, które zasilałyby obfite zasoby gazu w regionie bogatym w ropę naftową.[100]

Ponadto, jak wynika z dalszych dyskusji, rząd federalny pod przewodnictwem Muhammadu Buhari rozpoczął prace nad sprawozdaniem UNEP dotyczącym EA Ogoniland w2011 r., rozpoczynając proces jego wdrażania 2 czerwca 2016 r. (Federalne Ministerstwo Środowiska Nigerii, 2016 r.). W sprawozdaniu tym zbadano naukowo negatywny wpływ na środowisko, zdrowie i społeczeństwo przemysłowej działalności naftowej Nigerii w Ogonilandzie od drugiej połowy lat 50. ubiegłego wieku, kiedy to rozpoczęto działania na rzecz rozwoju zasobów ropy naftowej na terenach i innych obszarach bogatego w ropę naftową regionu Delty Nigru. Raport ma na celu poprawę stanu środowiska naturalnego i zapobieganie dalszym wyciekom ropy naftowej w Ogonilandzie i w pozostałej części regionu Delt, a także działania w zakresie odbudowy

---

100 *Zob.* publikację gazety *BusinessDay, autorstwa* E. Ese, zatytułowaną "FG to Unveil New Vision for Niger Delta - Osinbajo", z dnia 11 lutego 2017 r., dostępną pod adresem https://www.businessdayonline.com/fg-unveil-new-vision-niger-delta-osinbajo/ w dniu 11 lutego 2017 r. Zob. *także* publikację internetową *BusinessDay* A. Udonquaka z dnia 9 kwietnia 2017 r., zatytułowaną "Delta Nigru niecierpliwie oczekuje na działania GF w sprawie 16-punktowego zapotrzebowania na PANDEF", dostępną na stronie http://www.businessdayonline.com/niger-delta-anxiously-awaits-fgs-action-pandef-16-point-demand/ dnia 28 stycznia 2018 r.

środowiska i rozwoju zasobów ropy naftowej w całym regionie. Ujawniono w nim, że w ciągu dziesięcioleci działań na rzecz rozwoju zasobów ropy naftowej w regionie Delt, MNOCs w Ogonilandzie i innych regionach produkujących ropę naftową prowadziły nieodpowiednią kontrolę, konserwację i likwidację nadużywanej infrastruktury paliwowej. Pokazuje to, że ludność Ogonilandu i inni bogaci w ropę naftową mieszkańcy regionu Delt Nigru zbyt długo płacili tak wysoką cenę za operacje związane z rozwojem ropy naftowej w swoich gminnych ojczyznach, ze względu napoważne i powszechne negatywne skutki tych operacji w regionie. W sprawozdaniu stwierdza się, że ekosystemy w Ogonilandzie i w pozostałej części regionu Delty Nigru są niezwykle zdewastowane i zniszczone. W szczególności w odniesieniu do Ogonilandu pokazuje ono, że istnieją poważne konsekwencje społeczne i zdrowotne, a także dewastacja środowiska i ekosystemu w tym kraju, w postaci zanieczyszczenia powietrza i wody oraz degradacji gleby na lądzie, a tym samym w innych częściach stanu Rivers i w pozostałej części regionu Delt Nigru. Zaleca się połączenie różnych form oczyszczania i rekultywacji środowiska w celu osiągnięcia odbudowy środowiska w Ogonilandzie i w pozostałej części bogatego w ropę naftową regionu Delty Nigru. W sprawozdaniu zaleca się ustanowienie organu regulacyjnego ds. ochrony środowiska w Ogonilandzie oraz funduszu na rzecz odbudowy środowiska w Ogonilandzie, a także centrum doskonałości w zakresie odbudowy środowiska w tym kraju. Proponuje się w nim utworzenie Ogoniland Environmental Restoration Fund (funduszu na rzecz odbudowy środowiska) o kapitalizacji początkowej w wysokości 1 miliarda dolarów na pokrycie kosztów oczyszczania. Zalecono w nim potrzebę zrównoważonego zarządzania całym bogatym w ropę naftową regionem mokradeł Delty Nigru.[101]

---

101 *Zob.* UNEP, *Environmental Assessment of Ogoniland*, Nairobi, *op cit.*, s. 1-17 i 205-231, zwłaszcza s. 8-17 i 222-231. Zob. *również* komunikat prasowy opublikowany w centrum informacyjnym UNEP na stronie głównej UNEP z dnia 2 czerwca 2016 r., zatytułowany "Nigeria uruchamia program oczyszczania i przywracania stanu poprzedniego za 1 mld USD", z podtytułem "Rząd, społeczności i przemysł naftowy zobowiązują się do wdrożenia zaleceń zawartych w sprawozdaniu UNEP", który znajduje się na stronie internetowej http://www.unep.org/newscentre/nigeria-launches-1-billion-ogoniland-clean-and-restoration-programme, dostępnym w dniu 12 sierpnia 2017 r. Zob. *również* publikację w gazecie *Vanguard* z dnia 7 sierpnia 2017 r. zatytułowaną "Shell Releaseases $10m, Reaffirms Commitment to Ogoni Cleanup", znajdującą się na stronie http://www.vanguardngr.com/2017/08/shell-releases-10m-reaffirms-commitment-ogoni-cleanup/, dostępną w dniu 7 sierpnia 2017 r. *Zobacz* inną publikację gazety *Vanguard* z dnia 13 czerwca 2017 r., zatytułowaną "Ogoni Cleanup: We're disappointed, nothing's happening - Ken Saro-Wiwa Associates', found at http://www.vanguardngr.com/2017/06/ogoni-cleanup-disappointed-nothings-happening-ken-saro-wiwa-associates/ accessed on August 07, 2017.

Z całą pewnością, jak pokazują badania na całym świecie, należy w tym momencie podkreślić, że rozwój głównych zasobów naturalnych poprzez eksploatacyjne operacje przemysłowe (EIO), takie jak projekty związane z ropą naftową, gazem i górnictwem, zasadniczo hamuje rozwój zrównoważony; jednakże te operacje lub projekty rozwojowe mogą być podejmowane w odpowiednio uregulowanych formach, aby przyczynić się do rozwoju zrównoważonego. Dzieje się tak wówczas, gdy korzyści płynące z tych operacji lub projektów są dobrze wykorzystywane, w sposób pozwalający na zachowanie praw osób, których one dotyczą, a korzyści z nich płynące są dobrze wykorzystywane na rzecz wzrostu i rozwoju społeczno-gospodarczego, a tym samym na rzecz ogólnego dobra publicznego.[102] Taki stan rzeczy powinien mieć miejsce w szczególności w krajach rozwijających się, które są obdarzone dużymi zasobami naturalnymi, ale nękane "przekleństwem zasobów" lub "przekleństwem zasobów naturalnych".[103] Sformułowanie "klątwa zasobów naturalnych", zwane również "chorobą holenderską" i "paradoksem obfitości", zostało stworzone przez ekonomistów, którzy stwierdzili, że kraje bogato obdarzone zasobami naturalnymi mają tendencję do długotrwałego odnotowywania wolniejszego wzrostu gospodarczego i rozwoju niż kraje o mniejszych zasobach naturalnych.[104]

OCENA ODDZIAŁYWANIA NA ŚRODOWISKO, WNIOSKI DOTYCZĄCE ROZWOJU ORAZ OCHRONA ŚRODOWISKA I ZARZĄDZANIE NIM

Potrzeba właściwego zarządzania negatywnymi skutkami propozycji dotyczących rozwoju w celu ochrony środowiska naturalnego doprowadziła do

---

102 *Zob.* E. B. Barbier, *Natural Resources and Development*, *op cit.*, s. 344-372.

103 *Zob.* E. T. Bristol-Alagbariya, *Udział w rozwoju sektora naftowego: Towards Sustainable Community Development in the Niger Delta*, *op cit.*, s. 84, 95-96. Zob. *również* N. Schrijver, *Sovereignty over Natural Resources: Balancing Rights and Duties,* Cambridge, Cambridge University Press, 1997, str. 390-395. The World Bank, *Oil Windfalls: Błogosławieństwo czy przekleństwo?* , New York, Oxford University Press. Zob. P. J. Stevens, "Resource Curse" and How to Avoid It, The Journal of Energy and Development, 31(1), 2006. Patrz *również* W. Ascher, "*Why Governments Waste Natural Resources": Policy Failures in Developing Countries"*, Baltimore, John Hopkins University Press, 1999. *Patrz* R. Hannesson, *Investing for Sustainability: The Management of Mineral Wealth*, Norwell, Kluwer, 2001. *Patrz* T. Jackson, "*Prosperity without Growth?": The Transition to a Sustainable Economy*, London, Sustainable Development Commission, 2009. T. Jackson, "Prosperity without Growth" (Dobrobyt bez wzrostu)*: Economics for a Finite Planet*, Abingdon, Oxon, Earthscan, 2011. T. Jackson, "Prosperity without Growth" (Dobrobyt bez wzrostu)*: Fundations for the Economy of Tomorrow*, London, Routledge, 2016.

104 *Patrz* E. Papyrakis i R. Gerlagh, "The Resource Curse Hypothesis and its Transmission Channels", Journal of Comparative Economics, 2004, 32 (1), str. 181-193.

powstania różnych krajowych i międzynarodowych podejść, takich jak polityka ochrony środowiska i rozwoju, regulacje i przepisy prawne, jak również wykorzystanie innych powiązanych narzędzi, podejść, procesów i praktyk zarządzania środowiskiem. Ocena oddziaływania na środowisko (EA) jest formalnym, ustawowym i zinstytucjonalizowanym narzędziem służącym do regulowania negatywnych skutków propozycji rozwojowych dla środowiska i społeczeństwa jako całości.[105]

Wiodąca globalna sieć ds. oceny skutków definiuje ocenę skutków w odniesieniu do EA jako proces identyfikacji przyszłych konsekwencji obecnego lub proponowanego działania. Wpływ" lub "skutek" to różnica między tym, co może się wydarzyć w wyniku działania (tj. realizacji propozycji rozwoju), a tym, co nie mogłoby się wydarzyć bez niego. Ocena skutków jest praktycznym narzędziem służącym do podejmowania świadomych decyzji dotyczących PPP, tak aby pomóc obecnemu pokoleniu w zaspokojeniu jego potrzeb bez uszczerbku dla możliwości i szans przyszłych pokoleń na zaspokojenie ich własnych potrzeb.

Ocena skutków jest ustrukturyzowanym procesem mającym na celu rozważenie wpływu wniosków i działań w zakresie rozwoju na ludzi i środowisko,podczas gdy nadal istnieje możliwość zmiany lub modyfikacji wniosków lub działań (a w przypadku wniosków - porzucenia ich). Pojęcie środowiska w ocenie oddziaływania na środowisko ewoluowało od początkowego skupienia się na komponentach biofizycznych do szerszej koncepcji, obejmującej fizykochemiczne, biologiczne, społeczno-gospodarcze, wizualne i kulturowe komponenty środowiska. EA rozwinęła się jako mechanizm lub technika identyfikacji wpływu na środowisko planowanego działania, takiego jak inicjatywa lub wniosek dotyczący rozwoju, mający na celu wzmocnienie zarządzania środowiskiem w sposób, który skutecznie chroni środowisko, promuje dobrobyt ludzi i dobrobyt całego społeczeństwa, przy jednoczesnym wdrażaniu wniosku. EA jest systematyczną i interdyscyplinarną i/lub multidyscyplinarną techniką ostrożności, prognozowania i oceny propozycji rozwojowych, jak również narzędziem łagodzenia skutków, zarządzania i audytu, zaprojektowanym w celu osiągnięcia jakości środowiska i sprawiedliwości społecznej w trakcie realizacji propozycji rozwojowych w kierunku rozwoju zrównoważonego. EA jest narzędziem ochrony środowiska i

105 *Zob.* E. T. Bristol-Alagbariya, *Udział w rozwoju sektora naftowego: Towards Sustainable Community Development in the Niger Delta*, *op cit*, s. 137. Zob. *również* Andre, *et al.*, *Environmental Assessment for Sustainable Development: Processes, Actions and Practice*, Quebec, Press Internationales Polytechnique, 2004, str. 30.

ogólnego zarządzania środowiskiem, które promuje rozwój zrównoważony. Zwiększa ona dobrobyt ludzki i bezpieczeństwo życia oraz samo przetrwanie ludzkości w trakcie realizacji propozycji rozwoju społeczno-gospodarczego, w trakcie trwających globalnych wysiłków na rzecz rozwoju zrównoważonego. EA pomaga promować i zabezpieczać zrównoważoną przyszłość ludzkości na planecie Ziemia, która jest rozsądna pod względem gospodarczym i środowiskowym oraz sprawiedliwa społecznie.[106]

EA lub IA rozpoczęły się w formie projektów rozwojowych na poziomie EA, zwanych inaczej EA projektów rozwojowych *w odniesieniu do oceny oddziaływania na* środowisko (EIA). EIA jest najstarszym i najbardziej ugruntowanym aspektem lub formą oceny oddziaływania na środowisko. Formalny lub ustawowy proces OOŚ rozpoczął się w USA w 1969 r. w wyniku uchwalenia ustawy o krajowej polityce ochrony środowiska (National Environmental Policy Act (NEPA)). Ustawa ta, która weszła w życie w styczniu 1970 r., przewiduje OOŚ wszystkich proponowanych dużych federalnych działań rozwojowych w USA, które mogą potencjalnie mieć "znaczący" wpływ lub oddziaływanie na jakość środowiska człowieka. Ustawa ta nałożyła obowiązek rozważenia możliwego wpływu na środowisko naturalne przed zezwoleniem na kontynuację proponowanych działań, jeżeli były one prowadzone, finansowane lub dozwolone przez agencję federalną. Wprowadzenie w życie tej ustawy lub przepisów przez US FG doprowadziło do wprowadzenia w życie przepisów dotyczących OOŚ w kilku innych krajach lub jurysdykcjach na świecie. Koncepcja EIA w konsekwencji rozprzestrzeniła się na wiele krajów. W procesie tym kilka krajów musiało uchwalić konkretne ustawy, określające wymogi formalne dla EA. Zaawansowane kraje, takie jak Wielka Brytania, Niemcy i większość innych krajów nordyckich o ugruntowanych procedurach planowania przestrzennego, początkowo zareagowały na wejście w życie amerykańskiej NEPA, dostosowując swoje istniejące przepisy dotyczące ochrony środowiska i planowania w taki sposób, aby położyć większy nacisk na ocenę wpływu lub skutków dla środowiska. W odpowiednim czasie kraje te wprowadziły w życie odpowiednie przepisy szczegółowe, a także wprowadziły regulacje i/lub wytyczne dotyczące EA.

---

106 *Zob.* E. T. Bristol-Alagbariya, *Governance Towards Sustainable Development in Nigeria: The Role of Strategic Assessment of Decisions & Actions, op cit., str.* 95-96 i 285. Zob. *także* B. Dalal-Clayton i S. Bass S., *Sustainable Development Strategies: A Resource Book*, London, Earthscan, 2007. Andre, *et al.*, *Environmental Assessment for Sustainable Development: Procesy, działania i praktyki*, op. *cit.*

Program Środowiskowy Narodów Zjednoczonych (UNEP) definiuje OOŚ jako systematyczną, powtarzalną i interdyscyplinarną identyfikację, przewidywanie, procesy oceny wpływu wniosku dotyczącego rozwoju, jak również procesy łagodzenia, zarządzania i audytu mające na celu osiągnięcie jakości środowiska i sprawiedliwości społecznej w trakcie realizacji wniosku.[107] Jest to multidyscyplinarne narzędzie lub technika planowania, regulacji i administracji służące do podejmowania decyzji dotyczących propozycji rozwojowych. OOŚ jest procesem, w ramach którego informacje na temat skutków propozycji dotyczących rozwoju są zestawiane przez wnioskodawców i inne źródła oraz brane pod uwagę przez organ ds. planowania lub organ regulacyjny w celu sformułowania opinii organu na temat tego, czy propozycja powinna zostać porzucona, wdrożona lub zmieniona, czy też nie. Jest to technika oceny prawdopodobnych konsekwencji proponowanych lub trwających działań, które mogą mieć znaczący wpływ zarówno na środowisko naturalne, jak i na środowisko stworzone przez człowieka. Jest to technika zapobiegawcza służąca określeniu prawdopodobnych skutków propozycji dotyczących rozwoju dla środowiska fizycznego oraz związku tych skutków z innymi powiązanymi aspektami i czynnikami społecznymi, tak aby zminimalizować szkodliwe skutki i zmaksymalizować pozytywne skutki propozycji. Ostatecznym celem OOŚ jest ostrzeganie decydentów o prawdopodobnych konsekwencjach ich wyborów lub decyzji.[108]

W Nigeriiformalna lub ustawowa OOŚ rozpoczęła się na mocy promulgacji dekretu o OOŚ (dekret nr 86 z 1992 r., Cap 86, LFN 1992) jako podstawowe ustawodawstwo regulujące formalną OOŚ w kraju.

Wcześniej podstawa formalnej ochrony środowiska w FRN została ustanowiona w drodze promulgacji dekretu Federalnej Agencji Ochrony Środowiska (FEPA) (dekret nr 58 z 1988 r., Cap 131, LFN 1990). Dekret ten ustanowił FEPA jako agencję rządu federalnego upoważnioną do ochrony i rozwoju środowiska w ramach federacji. Dekret ten został ogłoszony również

---

107 *C/f* M. McCabe i B Sadler (red.), *Studies of EIA Practice in Developing Countries: A Supplement to the UNEP Training Resource Manual*, Geneva, The Economic and Trade Branch, DTIE, UNEP, 2002, s. 307. Zob. *również* R. E. Munn, Environmental *Impact Assessment: Zasady i procedury*, Nowy Jork: R. E. Munn, Environmental Impact Assessment : Principles and Procedures, New York: Wiley, 1979. *Patrz* A. Gilpin, *Environmental Impact Assessment (EIA): Cutting Edge for the Twenty-First Century, Cambridge*, *op cit.*, str. 4-5. *Zob.* A. Gilpin, *Dictionary of Environmental Law*, op. *cit., s.* 5, 92-93 i 96-97.

108 *Patrz* A. Gilpin, *Słownik Prawa Ochrony Środowiska*, *op cit.*, str. 97. J. Glasson *et al* (red.), *Introduction to Environmental Impact Assessment (The Natural and Built Environment Series)*, London, Routledge, 2005. *Zob.* A. Boyden *et al*, *Environmental Impact Assessment Handbook (Podręcznik oceny oddziaływania na środowisko): A Practical Guide for Planners, Developers and Communities*, London, The Institution of Civil Engineers (ICE) Publishing, 2009.

w celu poprawy SD zasobów naturalnych kraju. Został on zmieniony w 1992 r. (poprzez dekret zmieniający FEPA, dekret nr 59 z 1992 r.), kiedy to dekret EIA (dekret nr 86 z 1992 r.) został ogłoszony jako podstawowe prawodawstwo regulujące formalną EA w Nigerii. Dekret FEPA został zmieniony w celu nadania FEPA (zwanej inaczej Agencją) uprawnień w zakresie ochrony i rozwoju środowiska naturalnego i zachowania różnorodności biologicznej oraz rozwoju zasobów naturalnych Nigerii w ogóle, a w szczególności technologii środowiskowych (w tym rozpoczęcia realizacji polityki w zakresie badań i technologii środowiskowych itp. Agencja została upoważniona do wykonywania różnych innych działań i czynności, które są niezbędne i właściwe do pełnego wykonywania jej funkcji na mocy ustawy upoważniającej (tj. ustawy o FEPA). Ustawa o FEPA i ustawa o OOŚ zostały zmienione i zaktualizowane w 2004 r.

W tym miejscu należy stwierdzić, że na wysiłki rządu federalnego w zakresie ogłaszania dekretów w sprawie FEPA i OOŚ miały wpływ zarówno czynniki zewnętrzne, jak i wewnętrzne. Głównym wpływem zewnętrznym jest trwający globalny wysiłek na rzecz środowiska i rozwoju, któremu przewodzi ONZ, tak aby wzmocnić osiągnięcie zrównoważonego rozwoju w interesie wszystkich narodów świata (tj. całej ludzkości) i społeczeństwa jako całości.[109] W związku z tym głównymi czynnikami wewnętrznymi są kryzysy spowodowane niekorzystnymi skutkami rozwoju ropy naftowej w regionie Delt.

109 Stopniowe wysiłki ONZ w zakresie środowiska naturalnego i rozwoju na rzecz osiągnięcia rozwoju zrównoważonego można prześledzić na odpowiednich konferencjach ONZ, których jest jak dotąd cztery. Są to Konferencja ONZ w sprawie Środowiska Człowieka (UNCHE), która odbyła się w Sztokholmie w Szwecji w 1972 r. (po której w dniach 10-18 maja 1982 r. w Nairobi w Kenii odbyło się zgromadzenie społeczności światowej, kiedy to osiągnięto Deklarację ONZ z Nairobi z 1982 r.); Konferencja ONZ w sprawie Środowiska i Rozwoju (UNCED), która odbyła się w Rio de Janeiro w Brazylii w 1992 r.; Światowy Szczyt w sprawie Zrównoważonego Rozwoju (WSSD), który odbył się w Johannesburgu w Republice Południowej Afryki w 2002 r.; oraz Konferencja ONZ w sprawie Zrównoważonego Rozwoju (UNCSD), która odbyła się w Rio de Janeiro w Brazylii w 2012 r. Od inicjałów miast, w których odbywały się te cztery konferencje ONZ, można je określić jako proces SRJR (tj. Sztokholm, Rio, Johannesburg i Rio). *C/f* A. C. Kallhauge *et al* (red.), *Global Challenges: Furthering the Multilateral Process for Sustainable Development*, Sheffield, Greenleaf, 2005, s. 16-30. E. T. Bristol-Alagbariya, "Environmental Assessment Law towards Sustainable Development in Nigeria and the New Partnership for Africa's Development Action Plan for the Environment Initiative", Environmental & Planning Law Review (ELPR), 13 (1-2), styczeń-czerwiec 2016, str. 1294. Ze względu na trwające wysiłki w zakresie prawa międzynarodowego, w szczególności w odniesieniu do suwerennych państw, środki prawa miękkiego związane z SD zainicjowane w systemie ONZ są przekształcane w środki, strategie, procesy, praktyki i ostatecznie *korpus prawny wobec* korpusu prawnego, które stają się coraz bardziej wiążące dla jurysdykcji krajowych i międzynarodowych. *C/f* D. S. Olawuyi, *The Principles of Nigerian Environmental Law*, Ado Ekiti, Afe Babalola University Press, 2015, s. 56.

Chociaż szczegółowe etapy lub kroki OOŚ różnią się w zależności od kraju lub jurysdykcji, istnieje szereg ogólnych kroków, które są jednak realizowane na poziomie międzynarodowym. Krótko mówiąc, etapy te to: screening (który następuje po określeniu wniosku), ustalanie zakresu, analiza oddziaływania, łagodzenie skutków i zarządzanie nimi, sprawozdawczość, przegląd, podejmowanie decyzji, wdrażanie, monitorowanie i działania następcze. W związku z[110] tym wytyczne proceduralne dotyczące OOŚ w Nigeriiokreślają etapy propozycji rozwoju, począwszy od koncepcji projektu do etapu po odbiorze (tj. audyt środowiskowy), po maksymalnym uwzględnieniu kwestii środowiskowych oraz najlepszych praktycznych sposobów łagodzenia negatywnych skutków propozycji rozwoju dla środowiska. Ponadto wytyczne sektorowe Nigerii dotyczące OOŚ dla projektów w sektorze naftowym i gazowym przewidują środki łagodzące, takie jak przygotowanie planów zarządzania środowiskiem i procesów rekultywacji środowiska opracowanych i stosowanych aż do etapu likwidacji, zamknięcia i zaniechania projektów zagospodarowania złóż ropy naftowej, w celu przywrócenia obszarów objętych projektem (w miarę możliwości) do ich pierwotnego stanu. Ponadto istnieją przepisy dotyczące skutków skumulowanych, oceny cyklu życia, a także przepisy dotyczące ochrony i zrównoważonego rozwoju zasobów naturalnych. W związku z tym, niezależnie od jego specyfiki, etapy procesu EA w Nigerii można opisać jako te, które są powszechnie uznawane i praktykowane w skali międzynarodowej (tj. w wielu jurysdykcjach na całym świecie).[111]

---

110 *Zob.* E. T. Bristol-Alagbariya, *Udział w rozwoju sektora naftowego: Towards Sustainable Community Development in the Niger Delta, op cit,* s. 155. Zob. *również* P. Tarr, Environmental Impact Assessment in Southern Africa, Southern African Institute for Environmental Assessment (SAIEA), 2003, s. 6-7. *Patrz* M. McCabe i B. Sadler (red.), Environmental *Impact Assessment Training Resource Manual*, Geneva, The Economic and Trade Branch, DTIE, UNEP, 2002. Patrz *również* publikacja UNEP zatytułowana Environmental *Impact Assessment Training Resource Manual (Podręcznik zasobów szkoleniowych w zakresie oceny oddziaływania na środowisko): Overhead Transparency Masters*, designed and typeset by A. Charlton and M. McCabe, Geneva, The Economic and Trade Branch, DTIE, UNEP, 2002.

111 *Patrz: Environmental Impact Assessment Procedural Guidelines*, Abuja, FEPA, 1995; Environmental Impact Assessment Sectoral Guidelines for *Oil and Gas Industry Projects*, Abuja, FEPA, 1995; Environmental Impact Assessment Sectoral *Guidelines for Agriculture and Rural Development*, Abuja, FEPA, 1995; oraz Environmental *Impact Assessment Sectoral Guidelines for Infrastructures*, Abuja, FEPA, 1995. *Patrz również: Wytyczne sektorowe w sprawie oceny oddziaływania na środowisko: Manufacturing Industries*, Abuja, Federalne Ministerstwo Środowiska (FMEnv), 1995 r.; *Guidelines for Environmental Impact Assessment of Nuclear Power Plant Projects*, Abuja, FMEnv; *Guidelines for Environmental Impact Assessment Act (Act 86. 1992): Sectoral Guidelines for Bitumen Exploration and Exploitation, Abuja, FMEnv;* and Guidelines for Environmental Impact Assessment Act (Act 86. *1992): Guidelines for Environmental Impact Assessment Act (Act 86. 1992): Sectoral Guidelines for Waste Management Facility*, Abuja, FMEnv. Inne są wytycznymi dla ustawy o ocenie wpływu na środowisko (Ustawa 86. 1992): Sectoral *Guidelines for Dredging Activities, Abuja, FMEnv*; Environmental *Impact Assessment (EIA) (Act 86. 1992): Sectoral Guidelines for Dredging*

W 1999 r., w związku z istnieniem ustaw o FEPA i OOŚ, FEPA sformułowała zmienioną politykę krajową w zakresie ochrony środowiska i opracowała różne krajowe wytyczne sektorowe i proceduralne dotyczące ochrony środowiska i zarządzania nim, w celu uzupełnienia wytycznych i norm opracowywanych przez inne powiązane armie i instytucje GF, takie jak DPR.[112] Te inicjatywy polityczne, wytyczne, standardy i strategie wdrażania mogą być uważane za część wysiłków GF na rzecz ochrony i rozwoju środowiska i zachowania różnorodności biologicznej, jak również na rzecz promowania rozwoju zrównoważonego zasobów naturalnych w federacji.

Ponadto FEPA wydała publikacje dotyczące nigeryjskiego przemysłu naftowego i środowiska naturalnego. Wspomniana wyżej ustawa NESREA z 2007 r.uchyliła ustawę FEPA z 2004 r. Kiedy FEPA przestała istnieć (po uchyleniu ustawy o FEPA), Federalne Ministerstwo Środowiska (FMEnv) zaczęło sprawować jurysdykcję w sprawach dotyczących OOŚ. W związku z tym ministerstwo, które jest obecnie agencją regulacyjną EA o najwyższym priorytecie, kontynuuje praktykę publikowania wytycznych, standardów i innych

---

Activities, Abuja, FMEnv; and Guidelines for Environmental Impact Assessment Act (Act 86. *1992):: Guidelines for Review of EIA Report*, Abuja, FMEnv; Environmental Impact Assessment (*EIA) Guidelines for Power Sector*, Abuja, FMEnv; and Environmental *Impact Assessment (EIA) Guidelines for Telecommunications*, Abuja, FMEnv. Jeszcze inne to *National Guidelines for Environmental Management System in Nigeria*, Abuja, FEPA, 1999; *National Guidelines for Environmental Audit in Nigeria, Abuja*, FEPA, 1999; National Guidelines for Environmental Impact Assessment Act (Act 86. 1992)*: Post Impact Assessment*, Abuja, FMEnv; oraz National Guidelines *for Standards for Water Quality in Nigeria*, Abuja, FMEnv. Reszta zawiera Narodowe Wytyczne dla Ustawy o Ocenie Wpływu na Środowisko (Ustawa 86. *1992): Sectoral Guidelines Mining*, Abuja, FMEnv; National Guidelines *on Waste Disposal Through Underground - Injection*, Abuja, FMEnv, 1999; *National Guidelines for Restoration of the Environment friendly Products and Eco-Labelling*, Abuja, FMEnv, 1999; and *National Guidelines for Spilled Oil - Fingerprinting*, Abuja, FMEnv, 2001.

112 Na przykład, aby zaradzić negatywnym skutkom działań związanych z rozwojem sektora naftowego, DPR (agencja regulacyjna ds. ropy naftowej i ramię techniczne Ministerstwa Zasobów Ropy Naftowej) opracowywała od 1981 r. wytyczne i normy środowiskowe. Obejmowały one Petroleum (Drilling & Production (Amendment) Regulations 1988, Guidelines for the Accreditation and Registration of General Purpose Oil Industry Service Companies, które zostały zmienione w tym samym roku (1988). W 1991 r. Departament Praw Człowieka podjął odważny i zdecydowany krok w celu określenia kompleksowych wytycznych i norm środowiskowych dla przemysłu naftowego w Nigerii (EGASPIN). W tym samym 1991 r., ze względu na odwieczny problem zanieczyszczenia środowiska, degradacji i rozproszenia w bogatym w ropę naftową regionie Delt Nigerii, w KPR zaktualizowano dokument EGASPIN, który zobowiązał zwolenników projektów rozwoju zasobów naftowych do rozpoczęcia procesu OOŚ i zapewnienia technologii ograniczania zanieczyszczeń, aby pobudzić działalność zwolenników w regionie Delt. W rezultacie, aktualizując EGASPIN, w KPR wzmocniono uregulowania dotyczące działań w zakresie rozwoju zasobów ropy naftowej w regionie Delt. *Zob.* DPR, *Wytyczne i normy środowiskowe dla przemysłu naftowego w Nigerii* (EGASPIN), Lagos, DPR, 1991 (zmienione w 2002 r.). Zob. *także DPR* "Guidelines and Requirements for the Application of Oil and Gas Industry Service Permits (OGISP)", 2017 Edition, dostępny na stronie https://dpr.gov.ng/index/wp-content/uploads/2017/02/LP-GUIDELINES-2017.pdf w dniu 31 stycznia 2018 r.

odpowiednich publikacji, choć nie w sposób tak niezależny, profesjonalny i energiczny jak FEPA.

W celu zwiększenia roli organu regulacyjnego ds. oceny oddziaływania na środowisko, czy to FEPA, czy też FMEnv, w zakresie rozwoju, zarządzania i ochrony środowiska w Nigerii, a także zapewnienia wzrostu i rozwoju procesu oceny oddziaływania na środowisko w tym kraju, organ regulacyjny podkreśla, że wytyczne, normy i inne procesy regulacyjne przez niego publikowane uzupełniają się. W związku z tym projektodawcy i inni operatorzy nie są pozbawieni możliwości stosowania się do innych obowiązujących wytycznych, norm i środków regulacyjnych mających na celu poprawę ich działalności w kraju. W związku z tym projektodawcy tacy jak MNOC opracowali swoje odpowiednie wytyczne, standardy i inne wewnętrzne procesy regulacyjne. Na przykład spółka Shell Petroleum Development Company Nigeria Limited (SPDC/Shell Nigeria) opracowała i opublikowała następujący przewodnik i wytyczne: (a) Proces oceny oddziaływania na środowisko[113] (EIA): Przewodnik dla zainteresowanych stron (b) Wytyczne towarzyszące procesowi OOŚ SPDC: Identyfikacja i zaangażowanie zainteresowanych stron[114] (c) Wytyczne towarzyszące procesowi OOŚ SPDC: Określenie zakresu ([115]d) Wytyczne towarzyszące dla procesu OOŚ w odniesieniu do zagadnień o szczególnym znaczeniu dla środowiska naturalnego (SPDC EIA): Gromadzenie danych[116] e) Wytyczne towarzyszące procesowi OOŚ JDPC: Zakres: Przegląd sprawozdania[117] oraz (f) Wytyczne towarzyszące procesowi OOŚ JDPC: Przygotowanie i wdrożenie planu zarządzania środowiskiem.[118]

Istnieją pewne elementy procesu EA/EIA. Kilkadziesiąt lat po opracowaniu formalnego procesu OOŚ zakres procesu oceny w coraz większym stopniu poszerza się poza ocenę prawdopodobnych skutków wniosków dotyczących rozwoju dla środowiska fizycznego, obejmując takie formy procesu jak ocena skutków społecznych (SIA), ocena skutków dla zdrowia, ocena skutków dla dziedzictwa kulturowego oraz ocena skutków historycznych. Poszerzenie zakresu procesu oceny pomaga w jego usprawnieniu, tak aby osiągnąć wysoką jakość środowiska i głęboką równość społeczną. W związku z tym proces EA jest coraz częściej opracowywany w celu zapewnienia wczesnej identyfikacji i lepszego zarządzania i/lub rozwiązywania problemów na etapach

113 Dokument nr SPDC 2003-069, z czerwca 2003 r.
114 SPDC 2004-0002710, Vol. I, z marca 2004 roku.
115 SPDC 2004-0002711, Vol. II, z marca 2004 r.
116 SPDC 2004-0002712, Vol. III, z marca 2004 r.
117 SPDC 2004-0002713, Vol. IV, z marca 2004 r.
118 SPDC 2004-0002714, Vol. V, z marca 2004 r.

planowania propozycji rozwoju. Proces[119] oceny jest obecnie opracowywany w różnych jurysdykcjach w celu zapewnienia, że negatywne skutki wniosków dotyczących rozwoju są zminimalizowane, a pozytywne skutki i/lub korzyści tych wniosków zmaksymalizowane, tak aby[120] wzmocnić zrównoważoną rozwój zrównoważony pod względem środowiskowym i gospodarczym oraz sprawiedliwość społeczną.

Jako forma przyznawania korzyści z oddziaływania często ubogim, wiejskim i zmarginalizowanym społecznościom wytwarzającym zasoby oraz innym negatywnym, bezpośrednio dotkniętym stronom, podejmowane są różne formy społecznej odpowiedzialności biznesu[121] (CSR, tj. inwestycje społeczne przedsiębiorstw, filantropia przedsiębiorstw, odpowiedzialna działalność gospodarcza itp.) podejmowane są działania/inicjatywy na rzecz takich bezpośrednio dotkniętych grup i członków społeczeństwa/obywateli. Inicjatywy te obejmują umowy o wpływie i korzyściach lub umowy o wpływie i korzyściach (IBA), takie jak Canadian Whitehorse Mining Initiative (WMI),[122] społeczno-gospodarcze i kulturalne programy dotyczące dziedzictwa kulturowego, fundusze na rzecz dziedzictwa kulturowego, takie jak Stały Fundusz na rzecz Alaski, rozwój społeczności (CD) i umowy o wzmocnieniu pozycji oraz różne formy protokołu ustaleń (MoU). Te formy protokołu ustaleń zapewniają możliwości zatrudnienia w społecznościach przyjmujących zaangażowane przedsiębiorstwa. Przewidują one również inwestycje finansowe przedsiębiorstw (tj. inwestycje finansowe przedsiębiorstw) w społecznościach, w celu zapewnienia opieki zdrowotnej, edukacji i wzmocnienia pozycji ekonomicznej poprzez takie programy, jak małe i średnie przedsiębiorstwa (MŚP) oraz inne formy mechanizmów rozwoju zdolności i wzmocnienia pozycji społecznej.

Formalny proces EA w Nigerii odbywa się na poziomie projektów lub działań rozwojowych. Dlatego też proces ten jest opisany powyżej jako poziom projektu EA (tj. poziom projektu IA). Ta forma EA różni się od wyższego poziomu procesu EA znanego jako SEA.

---

119 *Patrz* R. S. Sidaway, *Rozwiązywanie sporów środowiskowych: From Conflict to Consensus*, London, Earthscan, 2005.

120 *Zob.* L. Barrera-Hernandez *i inni* (red.), *Sharing the Costs and Benefits of Energy and Resources Activity: Zmiany prawne i wpływ na Wspólnoty*, op. *cit.*

121 Ibidem.

122 *Zob.* obszar strony głównej "Natural Resources Canada", zatytułowany "Whitehorse Mining Initiative", dostępny na stronie http://www.nrcan.gc.ca/mining-materials/policy/government-canada/8698 dnia 26 sierpnia 2017 r.

OCENA ODDZIAŁYWANIA NA ŚRODOWISKO (EIA) I STRATEGICZNA OCENA ODDZIAŁYWANIA NA ŚRODOWISKO (MORZE)

Strategiczna ocena oddziaływania na środowisko (SEA) jest zaawansowaną lub wyższą formą EA, która rozszerza cele i zasady EA poza poziom projektów rozwojowych poprzez rozważenie innych możliwych alternatyw.[123] Podczas gdy ocena oddziaływania na środowisko (EIA) jest przeprowadzana dla poszczególnych projektów, SEA włącza aspekty środowiskowe do PPP, aby zapewnić, że propozycje rozwoju są realizowane w sposób zapewniający ekonomiczną i ekologiczną, a także sprawiedliwą społecznie SD.[124]

W oparciu o stałe wysiłki ONZ na rzecz środowiska i rozwoju, definicja rozwoju zrównoważonego określona przez WCED uznaje EA za kluczowe narzędzie wsparcia rozwoju zrównoważonego poprzez równoważenie lokalnych priorytetów społeczno-gospodarczych, politycznych i ekologicznych związanych z propozycjami rozwoju dotyczącymi środowiska, ludzkości i społeczeństwa jako całości. W związku z tym, aby w coraz większym stopniu odpowiadać na obawy kluczowych i różnych innych zainteresowanych stron związanych z propozycjami rozwojowymi, proces opracowywania przez EA propozycji rozwojowych, w szczególności propozycji dotyczących rozwoju przemysłu wydobywczego w zakresie energii i głównych zasobów naturalnych, jest konstruktywnie modyfikowany w celu wzmocnienia rozwoju zrównoważonego w społecznościach lokalnych, miastach itp. w miejscach, gdzie takie propozycje rozwojowe znajdują się na całym świecie.

Chociaż SEA nie jest zinstytucjonalizowana w Nigerii tak, jak powinna, w oparciu o członkostwo Nigerii w Unii Afrykańskiej (UA), Nowe Partnerstwo dla Rozwoju Afryki (NEPAD), NEPAD Action Plan on the Environment Initiative

---

123 *Patrz* R. Therivel i M. R. Partidario, *The Practice of Strategic Environmental Assessment*, London, Earthscan, 1996. Patrz *również* A. Boyden *i inni*, *Environmental Impact Assessment Handbook: A Practical Guide for Planners, Developers and Communities*, *op cit. Zob.* R. Therivel, *Strategic Environmental Assessment in Action, London, Earthscan*, 2010. *Zob.* T. B. Fischer, *Theory and Practice of Strategic Environmental Assessment: Towards a More Systematic Approach", Londyn, "Earthscan"*, 2007 r. Patrz *również* B. Dalal-Clayton i B. Sadler, *Strategic Environmental Assessment (Strategiczna ocena oddziaływania na środowisko): A Sourcebook and Reference Guide to International Experience*, Londyn, Earthscan, 2005. *Zob.* G. Jones i E. Scotford (red.), *The Strategic Environmental Assessment Directive (Dyrektywa w sprawie strategicznej oceny oddziaływania na środowisko): Plan na rzecz sukcesu?* , Oxford, Hart Publishing, 2017.

124 *Patrz* P. Caratti *i inni* (red.), *Analysing Strategic Environmental Assessment: towards Better Decision-making*, Cheltenham, Edward Elgar, 2004. Patrz *również:* B. Dalal-Clayton i B. Sadler, *Strategic Environmental Assessment: A Sourcebook and Reference Guide to International Experience*, London, Earthscan, 2005. *Zob.* M. R. Partidario, *Strategic Environmental Assessment Better Practice Guide - Methodological Guidance for Strategic Thinking in SEA*, Lisbon, Portuguese Environment Agency and Redes Energéticas Nacionais (REN), 2012.

(APEI) przewiduje wykorzystanie strategicznych form EA (tj. SEA) na wszystkich szczeblach decyzyjnych w celu wzmocnienia lub osiągnięcia rozwoju zrównoważonego.[125] NEPAD jest ramieniem UA. NEPAD is a vision and strategic framework for Africa's renewal and is promoted by the determination of Africans to extricate themselves and their continent from the malaise of underdevelopment, unequal relations, and exclusion in an increasingly globalising world.

W oparciu o ramy oceny skutków po likwidacji i inne całościowe systemy oceny skutków w Nigerii, zakres OOŚ w tym kraju jest poszerzany o ocenę skutków skumulowanych. Jednakże takie rozszerzone i wieloaspektowe formy i aspekty procesu EA na poziomie projektów rozwojowych (tj. ocena na poziomie projektu) nie zostały jeszcze w pełni rozwinięte, tak aby można było przeciwdziałać negatywnym skutkom propozycji rozwojowych dla środowiska i innych sfer społeczeństwa w kraju. Ponadto OOŚ jest albo nieodpowiednia, albo mniej odpowiednia dla niektórych złożonych - pojedynczych, złożonych, wielkoskalowych projektów przemysłowych, wieloskładnikowych, wielokryteriowych i innych form zintegrowanych i wieloaspektowych projektów związanych ze strategicznymi poziomami procesów decyzyjnych, wdrażania decyzji i wspierania decyzji. Proces OOŚ w Nigerii jest słaby, między innymi ze względu na niedociągnięcia w zakresie ram wdrażania przez rządowe organy regulacyjne. Niedociągnięcia te obejmują słabe działania następcze, monitorowanie zgodności i środki wykonawcze organizowane przez rządowe organy regulacyjne.[126] Ponadto społeczności zajmujące się wydobyciem ropy naftowej i inni członkowie społeczeństwa, których bezpośrednio dotyczy proces OOŚ, są słabe, a tym samym nie są w stanie egzekwować swoich praw związanych z tym procesem. Biorąc pod uwagę fakt, że jakość tych form projektów ukierunkowanych na rozwój zrównoważony jest ograniczona przez proces EA na poziomie projektów rozwojowych, istnieje potrzeba zinstytucjonalizowania OOŚ, tak aby uzupełniała ona i współistniała z przeważającą EA na poziomie projektów, w celu zwiększenia bieżących wysiłków na rzecz rozwoju zrównoważonego w Nigerii. Praktyka w zakresie strategicznej oceny oddziaływania na środowisko przyspieszyłaby w szczególności bieżące wysiłki na rzecz rozwoju zrównoważonego w Nigerii, uzupełniając dominujący proces OOŚ mający na celu poprawę ochrony

125 *Patrz* E. T. Bristol-Alagbariya, "Environmental Assessment Law towards Sustainable Development in Nigeria and the New Partnership for Africa's Development Action Plan for the Environment Initiative", *op cit.*, str. 1291-1317.

126 *C/f* N. S. Benebo, *Odpowiednie mechanizmy ochrony środowiska i zrównoważonego rozwoju w Nigerii: An Advocate's Viewpoint*, Abuja, Petra Digital Press, 2014.

środowiska i zarządzania nim w trakcie działań na rzecz rozwoju ropy naftowej, biorąc pod uwagę związek między tymi działaniami na rzecz rozwoju a utrzymującymi się przypadkami naruszania praw człowieka i ochrony środowiska w stanie Rivers oraz innych stanach i obszarach bogatego w ropę naftową regionu Delty Nigru.

PRZEGLĄD ZALECEŃ I REALIZACJI SPRAWOZDANIA KOMITETU MONITORUJĄCEGO DS. PARTNERSTWA WSCHODNIEGO I WSCHODNIEGO WYBRZEŻA OGONILANDU ORAZ ROLI EIA I MORZA

Ogoniland w stanie Rivers w Nigerii, którego masa lądowa obejmuje około 1 000 kilometrów kwadratowych, liczy około 830 000 mieszkańców. Ogoniland obejmuje cztery obszary samorządów lokalnych (LGA) stanu Rivers, a mianowicie Eleme, Gokana, Khanaoraz LGA Tai. Ogoniland jest obdarzony dużymi złożami ropy naftowej i gazu ziemnego. Handlowe ilości ropy naftowej (tj. ropy naftowej) zostały odkryte w 1958 r. w Ogoniland.[127]

W następstwie krótkiego opisu sprawozdania UNEP z 2011 r. w sprawie Ogoniland należypowtórzyć, że w stanie Rivers oraz w innych stanach Nigerii produkujących ropę naftową doświadcza się pewnych negatywnych skutków działań w zakresie rozwoju zasobów ropy naftowej ze względu na nieskuteczność i nieefektywność procesu OOŚ w odniesieniu do projektów rozwoju ropy naftowej w tym kraju. Często zdarzają się wypadki związane z realizacją dominującego procesu OOŚ w odniesieniu do projektów zagospodarowania złóż ropy naftowej w Nigerii. Na przykład istnieją wyzwania natury techniczno-prawnej, takie jak reguła lub zasada "locus standi", która nakłada na grupy zorientowane na interes publiczny lub osoby prywatne obowiązek wszczynania spraw sądowych w interesie publicznym, w tym spraw dotyczących OOŚ, związanych z interesem tych społeczności w odniesieniu dozarządzania środowiskiem. Wyraźną techniczną cechą prawną obciążającą interesy zaniedbanych, zmarginalizowanych i ubogich w ropę naftową społeczności stanu Rivers State oraz innych państw wydobywających ropę naftową w Nigerii jest reguła lub zasada "locus standi", która wymaga, aby grupy lub osoby działające w interesie publicznym udowodniły swoją "locus standi" (tj. "legitymację"), starając się jednocześnie dochodzić

127 *Zob.* publikację zatytułowaną "Request for Proposals (RFP) for ESHRG Baseline Study in Ogoniland (Nigeria)", z dnia 23 marca 2017 r., znajdującą się na stronie internetowej Międzynarodowego Stowarzyszenia Oceny Skutków (IAIA) https://www.iaia.org/pdf/communityconnect/170322%20ToR%20-%20RFP%20Ogoni%20Baseline%20Study.pdf, dostępną w dniu 21 stycznia 2018 r.

zadośćuczynienia przed sądami w interesie tych społeczności.[128] Ponadto istnieją niedociągnięcia dotyczące takich aspektów procesu OOŚ w Nigerii, jak ocena oddziaływania na środowisko naturalne (SIA) i ocena oddziaływania na zdrowie projektów zagospodarowania złóż ropy naftowej w stanie Rivers i innych obszarach wydobycia ropy naftowej w tym kraju. Inne niedociągnięcia procesu OOŚ w Nigerii obejmują konieczność energicznego wdrożenia i/lub egzekwowania obowiązujących ocen oddziaływania na środowisko (PCIA), ocen oddziaływania na środowisko (PCIAS) i planów zarządzania środowiskiem (EMP), systemów zarządzania środowiskiem (EMS), ocen oddziaływania na ryzyko, audytów środowiskowych i innych powiązanych procesów EA w zakresie rozwoju społeczno-gospodarczego w kraju. W szczególności niedociągnięcia związane z systemem SIA i elementem zaangażowania publicznego (PI) w ramach procesu EA można również opisać jako charakterystyczne cechy projektów rozwoju zasobów ropy naftowej w Nigerii.

PI w rozwoju zasobów ropy naftowej jest aspektem zaangażowania społeczności w prowadzenie działań na rzecz rozwoju zasobóww społecznościach producentów ropy naftowej. PI jest bez wątpienia istotnym filarem EA, który ma na celu poprawę jakości procesu oceny w kierunku SD.[129] Podstawowy i nieunikniony charakter interaktywnego PI opiera się na międzynarodowej zasadzie, regule i praktyce zarządzania środowiskiem,a mianowicie na demokracji ekologicznej (tj. udziale społeczeństwa w podejmowaniu decyzji dotyczących środowiska), wyrażonej w zasadzie 10 Deklaracji z Rio de Janeiro w sprawie środowiska i rozwoju z1992 r. i rozwiniętej w Konwencji z Aarhus z 1998 r. o dostępie do informacji, udziale społeczeństwa w podejmowaniu decyzji oraz dostępie do sprawiedliwości w sprawach dotyczących środowiska. Dostęp do informacji, udział społeczeństwa w podejmowaniu decyzji i dostęp do wymiaru sprawiedliwości w sprawach dotyczących środowiska to trzy przełomowe filary lub zasady demokracji w dziedzinie środowiska. Ogólnie rzecz biorąc, jeśli chodzi o zaangażowanie interesariuszy, SD wymaga aktywnego udziału wszystkich sektorów społeczeństwa i wszystkich rodzajów ludzi. Na mocy[130] prawa, zasad i praktyki demokracji ekologicznej te trzy przełomowe filary lub zasady

---

128 *Zob. Oronto Douglas przeciwko The Shell Petroleum Development Company of Nigeria Limited & Ors (*1999) 2 NWLR, s. 466-475, w szczególności s. 466-467.

129 *Zob.* E. T. Bristol-Alagbariya, *Udział w rozwoju sektora naftowego: Towards Sustainable Community Development in the Niger Delta, op cit.*, s. 17, 26, 34, 171-195 i 330.

130 *Zob.* obszar strony głównej *Platformy Wiedzy o Zrównoważonym Rozwoju*, Departament Spraw Gospodarczych i Społecznych ONZ (UNDESA), podpisany "Stakeholder Engagement", dostępny na stronie https://sustainabledevelopment.un.org/mgos w dniu 26 sierpnia 2017 r.

Konwencji z Aarhus powinny przeważać w sprawach dotyczących środowiska, takich jak działania związane z rozwojem sektora naftowego w stanie Rivers i innych obszarach wydobycia ropy naftowej w Nigerii.

W związku z tym, zgodnie z rozdziałem 36 Agendy ONZ nr 21, Narodowej Agendy Nigerii, Krajowej Polityki Ochrony Środowiska Nigerii oraz odpowiednimi przepisami nigeryjskiej ustawy o OOŚ z2004 r., a także z proceduralnymi i sektorowymi wytycznymi OOŚ Nigerii, PI jest ważnym filarem procesu EA, a także podstawowym instrumentem służącym podejmowaniu zbiorowych, solidnych i sprawiedliwych decyzji w kierunku rozwoju zrównoważonego.[131]

Można również zauważyć, że zaletą procesu OOŚ w ujęciu skumulowanym i/lub w całym cyklu życia jest uwzględnienie niektórych niekorzystnych skutków rozwoju zasobów ropy naftowej. Na przykład efektywny proces OOŚ w całym cyklu życia może przyczynić się do usprawnienia procesów likwidacji i zaprzestania działalności w ramach projektów dotyczących rozwoju zasobów ropy naftowej i innych ważnych zasobów naturalnych. SEA jest zintegrowanym procesem EA i może na przykład charakteryzować się zintegrowanym procesem EA dotyczącym środowiska, zdrowia, spraw społecznych, praw człowieka, płci, ryzyka i innych wyspecjalizowanych form procesu EA, w sposób, który uzupełnia proces EA na poziomie projektu rozwoju (OOŚ), a także sprawia, że ogólny proces EA jest solidny. Ponadto, SEA może uzupełniać EIA projektów rozwoju ropy naftowej i innych głównych zasobów naturalnych, tak aby realizować ekonomicznie i środowiskowo rozsądne i społecznie sprawiedliwe SD.

Ogólnie rzecz biorąc, SEA, która nie została jeszcze zinstytucjonalizowana w Nigerii, ma na celu ocenę strategicznych decyzji i działań (tj. PPP), a takżebardziej odpowiedni proces oceny długich (takich jak cykl życia) propozycji rozwoju na poziomie projektu, w tym takich innych propozycji rozwoju, które mają charakter skumulowany, wielokryteryjny, wielosektorowy, transgraniczny i wielonarodowy lub regionalny. Ocena oddziaływania na środowisko jest systematycznym, obiektywnym, opartym na dowodach, kreatywnym, proaktywnym i partycypacyjnym procesem podejmowania decyzji w EA, który prowadzi do poprawy ochrony środowiska i zarządzania nim, a także do poprawy zarządzania i wzmocnienia rozwoju zrównoważonego.

---

131 *Zob.* sekcje 1 lit. c), 7, 17, 15, 16, 21, 24, 25, 26, 29, 32, 33, 36, 37, 38, 40, 43, 45 i 55 ustawy o OOŚ, Cap E12, LFN 2004. *Patrz również* M. McCabe i B. Sadler, *Environmental Impact Assessment Training Resource Manual*, *op. cit.*, str. 145-146.

Ocena oddziaływania na środowisko jest z pewnością skuteczniejszym narzędziem poprawy ochrony środowiska i zarządzania nim, a także ogólnego zarządzania środowiskiem i rozwojem zrównoważonym.[132]

W szerszych i bardziej kompleksowych ramach oceny strategicznej, decyzje i działania w zakresie oceny oddziaływania na środowisko mogą przyczynić się do poprawy zarządzania środowiskiem, zwiększenia dobrobytu ludzi i rozwoju zrównoważonego. Ocena strategiczna jest ogólną techniką oceny wykraczającą poza granice EA. Ma ona zatem większy potencjał w zakresie kierowania, śledzenia i dostosowywania procesów decyzyjnych na strategicznych poziomach podejmowania decyzji (tj. na poziomach polityki, planów i programów - PPP), tak aby osiągnąć zamierzone cele lub lepsze wyniki. W odróżnieniu od strategicznej oceny oddziaływania na środowisko, SA, która jest szerszym i bardziej obejmującym systematyczne wsparcie decyzyjne lub wspomaganie decyzji, ma potencjał do kierowania, śledzenia i dostosowywania PPP, tak aby osiągnąć zamierzone cele lub lepsze wyniki. Jak dotąd, SA jest najlepszym podejściem do oceny PPP.[133] SA ma daleko idący potencjał w zakresie poprawy zarządzania środowiskiem oraz zwiększenia dobrobytu ludzi, jak również bezpieczeństwa życia i przetrwania ludzkości w dążeniu do osiągnięcia ekonomicznie i środowiskowo rozsądnej i sprawiedliwej społecznie SD w stanie Rivers i innych stanach Nigerii[134]. Z pewnością EA, w szczególności SEA, oraz ogólne narzędzie SA, pomagają w tworzeniu praktycznych rozwiązań powtarzających się problemów społecznych.[135]

W ramach EA, SEA i SA oraz poza nimi mogą być wykorzystywane odpowiednio do realizacji zaleceń zawartych w sprawozdaniu UNEP dotyczącym EA Ogoniland, omówionym przed niniejszym podtytułem, w celu remediacji i rekultywacji środowiska naturalnego na lądzie, a tym samym przywrócenia źródeł utrzymania, jak również poprawy dobrobytu ludzkości

---

132 *Zob.* E. T. Bristol-Alagbariya, *Governance Towards Sustainable Development in Nigeria: The Role of Strategic Assessment of Decisions & Actions, op cit., str.* 88-96.

133 Ibidem, str. 93-94, 267-268, 276-280. Zob. *też* S. Bell *et al*, *Environmental Law*, Oxford, Oxford University Press, 2008, s. 453 i 493-495. Zob. obszar strony głównej University of Cambridge, zatytułowany "Decision Support Tools", z podtytułem "Strategic Assessment Model", znajdujący się na stronie https://www.ifm.eng.cam.ac.uk/research/dstools/strategic-assessment-model/ oceniany 20 lutego 2018 r. Zob. *również "The Strategic Assessment Model* (*SAM*)", dostępny na stronie https://www.appa.org/Research/SAM/sam.pdf w dniu 20 lutego 2018 r.

134 *Ponadto zob.* E. T. Bristol-Alagbariya, *Governance Towards Sustainable Development in Nigeria: The Role of Strategic Assessment of Decisions & Actions, op cit., str.* 88-96, 93-94, 267-268, 276-280.

135 *Zob.* D. P. Lawrence, *Ocena oddziaływania na środowisko: Practical Solutions to Recurrent Problems*, Hoboken, John Wiley & Sons, 2003.

oraz ochrony głównych zasobów naturalnych i ogólnej przyrody w Ogonilandzie, a tym samym w innych częściach stanu Rivers i w całym regionie Delty Nigru. However, to achieve these, depends among other factors on consistent political will and commitment of the FG, the availability of adequate financial and human resources as well as the independence, dedication and effectiveness of the EA institutional regulatory organs and the involvement of resourceful EA and SA consultants and organisations. Jeżeli chodzi o ocenę skutków, istnieją bardzo zaradni konsultanci, których Nigeria może zaangażować w ramach wiodącej światowej sieci ds. oceny skutków (tj. IAIA), w[136] celu pobudzenia trwającego projektu rekultywacji zanieczyszczeń węglowodorami oraz ogólnego projektu rekultywacji środowiska i źródeł utrzymania, który ma miejsce w Ogonilandzie, a tym samym w innych częściach stanu Rivers i bogatego w ropę regionu Delty Nigru.[137] Besides, given that EA is a significant pillar of SD, and PI a landmark pillar of EA,[138] interactive engagement of directly affected people in the course of the UNEP Report implementation exercise as well as regarding ongoing and future petroleum resources development operations, would help to achieve collective, sound and equitable decision-making and decision-implementation processes towards sustainable community development (SCD) in the oil-richer Delta region.[139]

Wykorzystanie techniki SEA w trwającym procesie wdrażania raportu UNEP na temat EA Ogoniland przyspieszy formalną instytucjonalizację SEA w Nigerii, co stanowiprzełomowy wysiłek w marszu ku SD w tym kraju.

Pojawiające się opady sprawozdania UNEP na temat EA Ogoniland

Powyższe uwagi zawarte w sprawozdaniu UNEP z 2011 r. dotyczącym EA Ogoniland wskazuje, że rząd federalny Nigerii (FGN) podjął kroki w celu rozpoczęcia wdrażania tego sprawozdania. W związku z tym dnia 2 czerwca 2016 r. wiceprzewodniczący FRN, profesor Yemi Osinbajo, starszy rzecznik prasowy Nigerii (SAN), w imieniu prezydenta Muhammadu Buhariego,

136 *Zob.* stronę główną IAIA, dostępną pod adresem http://www.iaia.org/ w dniu 20 lutego 2018 r.

137 *Zob.* publikację zatytułowaną "Request for Proposals (RFP) for ESHRG Baseline Study in Ogoniland (Nigeria)", z dnia 23 marca 2017 r., *op. cit.* Zob. *również* E. Smyth *et al*, "Compendium IAIA Special Symposium Resettlement and Livelihoods", Manila, Filipiny, 20-22 lutego 2017 r., IAIA, Fargo, kwiecień 2017 r.

138 *Zob.* E. T. Bristol-Alagbariya, *Udział w rozwoju sektora naftowego: Towards Sustainable Community Development in the Niger Delta*, *op cit.*, s. 158, 168 i 330.

139 *Zob.* cel 11, GWS ONZ, zatytułowany "Zrównoważone miasta i społeczności". Zob. *również* The World Bank, *World Development Indicators 2016*, Waszyngton DC, Międzynarodowy Bank Odbudowy i Rozwoju (IBRD)/Bank Światowy, 2016. Zob. C. Ogan, *Alfred Diete-Spiff: A Legacy of Development in the Niger Delta*, Port Harcourt, Onyoma Research, 2012, s. 234-235.

uruchomił w Bodo, stan Rivers,program oczyszczania i odbudowy Ogonilandu o wartości 1 mld USD. Osinbajo ogłosiło, że wprowadzono ramy finansowe i legislacyjne w celu rozpoczęcia wdrażania zaleceń zawartych w sprawozdaniu UNEP w sprawie Ogoniland. Ujawnił, że wydarzenie inauguracji symbolizuje spełnienie jednej z kluczowych obietnic wyborczych obecnego prezydenta Buhariego, złożonej ludności Ogonilandu w szczególności i ogólnie regionowi Delty Nigru.[140]

Rząd federalny stwierdza, że wdrożenie przez niego sprawozdania UNEP dotyczącego EA Ogoniland opiera się na zaleceniach UNEP, w których stwierdzono, że wśród innych negatywnych skutków znajduje się poważne i powszechne skażenie gleby i wód gruntowych w całym kraju. W wielu miejscach Ogonilandu zdrowie publiczne było poważnie zagrożone skażoną wodą pitną i substancjami rakotwórczymi (tj. wszelkimi substancjami lub czynnikami, które mają tendencję do wytwarzania raka). W sprawozdaniu zauważono, że ekosystemy w Ogonilandzie oraz w pozostałej części bogatego w ropę naftową regionu Delty Nigru są niezwykle zdewastowane i zniszczone. W sprawozdaniu stwierdzono również, że instytucjonalne środki kontroli stosowane przez rząd i koncerny naftowe w Nigerii nie są odpowiednio wdrażane w interesie dobra środowiska naturalnego i mieszkańców regionu Delt. W związku z tym w sprawozdaniu zaproponowano ustanowienie urzędu ds. odbudowy z wyraźnym mandatem do oczyszczania Ogonilandu i przywracania ekosystemów w tym kraju. W sprawozdaniu zalecono również ustanowienie Funduszu na rzecz Odbudowy Środowiska w Ogonilandzie z początkową kapitalizacją w wysokości 1 miliarda USD na pokrycie kosztów oczyszczania.

Trwające prace porządkowe w Ogonilandzie mają zasadnicze znaczenie dla przyszłości tego kraju oraz pozostałej części regionu Delty Nigru, ponieważ pomogą przywrócić tradycyjne źródła utrzymania i stworzyć nowe, tak by pozytywnie zmienić życie milionów mieszkańców Ogonilandu oraz innych obszarów bogatego w ropę naftową regionu Delty Nigru. Oczyszczanie stworzy również nowy model pracy na rzecz rozwoju zrównoważonego, nawet w najtrudniejszych warunkach środowiskowych w regionie Delt Nigru. Działania

140 *Zobacz* publikację gazety *Premium Times*, autorstwa N. Ibekwe, zatytułowaną "Buhari ustanawia radę zarządzającą, zarząd ds. oczyszczania Ogoni", z 30 lipca 2016 r., dostępną na stronie http://www.premiumtimesng.com/regional/south-south-regional/207818-buhari-sets-governing-council-board-trustees-ogoni-clean.html 17 września 2017 r. Zob. *również* "Komunikat prasowy: Prezydent Buhari Inauguruje Radę Zarządzającą i Zarząd ds. realizacji raportu UNEP w sprawie Ogonilandz dnia 4 sierpnia 2016 r., podpisanego przez dr B. Hassana, Stałego Sekretarza Federalnego Ministerstwa Środowiska, Nigeria.

te mają zatem zasadnicze znaczenie dla przyszłości Ogonilandu i pozostałej części regionu Delt Nigru.[141]

Kilku ekspertów uważa, że trwająca obecnie rekultywacja środowiska w Ogonilandzie jest prawdopodobnie najbardziej szeroko zakrojonym i długoterminowym przedsięwzięciem w zakresie oczyszczania z ropy naftowej, jakie kiedykolwiek podjęto na całym świecie. Eksperci ci przewidują, że pełna odbudowa ekosystemów w Ogonilandzie może potrwać od 25 do 30 lat.[142]

Skuteczne wdrożenie zalecenia zawartego w sprawozdaniu UNEP wymaga wielostronnych wysiłków podejmowanych przez FGN. Analitycy społeczni są zdania, że powodzenie trwającego wdrażania sprawozdania UNEP przez FGN zależy od zaangażowania rządu, MNOC i bogatych w ropę naftową społeczności Ogoni, jak również od czujności grup społeczeństwa obywatelskiego, takich jak organizacje pozarządowe, oraz od odpowiedniego zaangażowania i wsparcia innych bogatych w ropę społeczności i obszarów w regionie Delty Nigru. W[143] szczególności pomyślne wdrożenie sprawozdania nie wymaga nadmiernego wpływu ze strony Shell Nigeria, który został oskarżony przez MNOC o niszczenie środowiska naturalnego w regionie Ogoniland i niszczenie jego ekosystemu.[144] Proces wdrażania wymaga raczej niezależności, zaangażowania i skuteczności instytucjonalnych organów regulacyjnych EA oraz aktywnego zaangażowania wybitnych niezależnych konsultantów EA.

Po historycznym uruchomieniu przez rząd projektu usuwania zanieczyszczeń węglowodorami (HYPREP), w skład którego wchodzi rada powiernicza, rada zarządzająca i zespół ds. koordynacji projektu, które są kluczowymi elementami struktury zarządzania niezbędnej do usuwania zanieczyszczeń z Ogoniland i innych miejsc, w których prowadzona jest działalność związana z zagospodarowaniem bogatych w ropę naftową delt Nigru.[145]

---

141 *Zob.* UNEP, *Environmental Assessment of Ogoniland, op cit.*, s. 8-17, zwłaszcza s. 12-17.

142 Ibidem, s. 12.

143 *Patrz* publikacja gazety *The Guardian autorstwa* K. Ebiri, zatytułowana "Sloppy Pace of Ogoni Cleanup Angers Host Communities", z dnia 16 lipca 2017 r., dostępna na stronie https://guardian.ng/news/sloppy-pace-of-ogoni-cleanup-angers-host-communities/ dostęp uzyskano 17 września 2017 r.

144 *Zob.* publikacja gazety *Vanguard* z dnia 5 sierpnia 2017 r., zatytułowana "Shell nie powinien pilnować Ogoni Clean up - grupa ds. praw obywatelskich", dostępna na stronie http://www.vanguardngr.com/2016/08/shell-not-oversee-ogoni-clean-civil-rights-group/ w dniu 07 sierpnia 2017 r.

145 *Więcej informacji na ten temat znajduje się w części* "Komunikat prasowy": Prezydent Buhari Inauguracjuje Radę Prezesów i Kuratorium ds. realizacji raportu UNEP na temat Ogonilandu", op. *cit.*

Do tej pory Shell Nigeria (tj. SPDC), główny gigant MNOC działający w Ogonilandzie i związany z dziesięcioleciami degradacji środowiska, dewastacji ekologicznej i degradacji ekosystemu Ogonilandu, a także współudziału w fikcjonalizacji i łamaniu praw człowieka w tym kraju, obiecał zaangażować się w zapewnienie pomyślnego wdrożenia sprawozdania UNEP dotyczącego Ogonilandu. Spółka joint venture Shell Nigeria zobowiązała się do wspierania i wnoszenia wkładu finansowego na rzecz skutecznego, kierowanego przez wiele zainteresowanych stron oczyszczenia środowiska i odbudowy Ogonilandu, w oparciu o zalecenia zawarte w sprawozdaniu UNEP na temat Ogonilandu. Shell Nigeria twierdzi, że przekazał HYPREPowi kwotę 10 mln USD na fundusz startowy.[146] Można przypomnieć, że współudział Shell Nigeria w frakcjonowaniu i łamaniu praw człowieka w stosunku do mieszkańców Ogonilandu spowodował takie nieludzkie traktowanie, jak napaść, pobicie, tortury, arbitralne aresztowanie, niesprawiedliwy proces i sądowe zabójstwo poprzez doraźną egzekucję przez powieszenie dziewięciu działaczy MOSOP, a mianowicie Kena Saro-Wiwy i jego ośmiu innych krewnych Ogonilandu, 10 listopada 1995 roku.

Niektórzy niezależni eksperci ds. ochrony środowiska, ochrony i rozwoju oraz osoby zajmujące się zasobami są zdania, że oczyszczenie ponad 2500 zdewastowanych ekologicznie terenów w Ogonilandzie i innych obszarach bogatego w ropę naftową regionu Delty Nigru zajmie ponad 50 miliardów dolarów i ponad 50 lat.[147]

Skuteczne i sprawne wdrożenie sprawozdania UNEP dotyczącego EA Ogoniland powinno umożliwić odbudowę środowiska i ekosystemu Ogonilandu oraz innych społeczności regionu Delty, w tym zapewnienie rozwoju tych społeczności oraz stworzenie alternatywnych źródeł utrzymania dla mieszkańców regionu, w oparciu o międzynarodowe standardy ochrony środowiska, ochrony, poprawy i regulacji. W związku z tym pomyślne wdrożenie sprawozdania przyczyni się do przywrócenia tradycyjnych źródeł utrzymania, jak również do stworzenia alternatywnych źródeł utrzymania dla

---

146 *Patrz* publikacja gazety *Vanguard* z 7 sierpnia 2017 r., zatytułowana "Shell uwalnia 10 milionów dolarów, potwierdza zobowiązanie do sprzątania Ogoni", op. *cit.* Zob. *również* publikacja gazety *Vanguard z dnia* 13 czerwca 2017 r., zatytułowana "Ogoni Cleanup: We're Disappointed, Nothing's Happening - Ken Saro-Wiwa Associates", op. *cit.*

147 *Zobacz* publikację gazety *Vanguard* z 6 czerwca 2017 r., zatytułowaną "Cleanup of Oil Producing Areas to Cost $50 Billion", dostępną pod adresem http://www.vanguardngr.com/2017/06/cleanup-oil-producing-areas-cost-50-billion/ w dniu 07 sierpnia 2017 r.

ludności bogatego w ropę naftową regionu Delty Nigru, a tym samym będzie sprzyjać stałej ewolucji i rozwojowi prawa i praktyki SD w Nigerii.[148]

W związku z tym rozpoczęto wstępne prace w ramach projektu HYPREP (Hydrocarbon Pollution Remediation Project Remediation), utworzonego przez rząd federalny w celu nadzorowania procesu oczyszczania w Ogonilandzie i na innych obszarach bogatych w ropę naftową, na które negatywny wpływ ma olej, w regionie Delty Nigru. Prace te obejmują komunikację z różnymi poszkodowanymi społecznościami w Ogonilandzie oraz ich zaangażowanie, tak by budować zaufanie do tych społeczności w odniesieniu do wysiłków rządu federalnego na rzecz wdrożenia sprawozdania UNEP. HYPREP rozpoczął również wstępną ocenę wpływu na zdrowie w Ogonilandzie, obejmującą pomoc w zakresie zdrowia dla ludności tego kraju. Ponadto HYPREP rozpoczął proces wyboru przedsiębiorstw, które będą zaangażowane w proces oczyszczania Ogonilandu, poczynając od przedsiębiorstw, które zakładają w społecznościach zamieszkujących tereny dotknięte zanieczyszczeniem, degradacją i desperacją ropy naftowej.[149] HYPREP przeprowadził również demonstracyjne projekty rekultywacji w jedenastu miejscach na czterech obszarach samorządów lokalnych w Ogoni (LGA), a mianowicie na obszarach LGA w Khanie, Gokanie, Eleme i Tai.

W związku z tym, dążąc do zrozumienia, współpracy i wsparcia negatywnie oddziałujących na społeczność Ogonilandu działań zmierzających do realizacji mandatu HYPREP, szef koordynatora projektu HYPREP, Marvin Dekil, wyraża przekonanie i zapewnienie, że rząd federalny jest zaangażowany w działania na rzecz oczyszczenia ogonilandu, zgodnie ze sprawozdaniem UNEP z 2011 r. dotyczącym EA w Ogonilandzie.[150]

---

148 *Zob.* J. F. Sachs, *The Age of Sustainable Development*, New York, University of Columbia Press, 2015.

149 *Patrz* publikacja gazety *Vanguard* z dnia 16 listopada 2017 r., zatytułowana "Ogoni clean-up: HYPREP rozpoczyna selekcję firm", dostępny na stronie https://www.vanguardngr.com/2017/11/ogoni-clean-hyprep-begins-selection-firms/ w dniu 20 stycznia 2018 r. Zob. *również* inną publikację gazety *Vanguard z dnia 16 listopada 2017 r., zatytułowaną "HYPREP rozpoczyna* wstępną ocenę stanu zdrowia w Ogoni", dostępną na stronie https://www.vanguardngr.com/2017/12/hyprep-begins-preliminary-health-assessment-ogoni/ w dniu 20 stycznia 2018 r. Zob. publikację gazety *Vanguard zatytułowaną* "Ogoni clean-up: HYPREP rozpoczyna uwrażliwianie społeczności, na które oddziałuje", znajdującą się na stronie https://www.vanguardngr.com/2017/06/ogoni-clean-hyprep-begins-sensitization-impacted-communities/, dostępną od 20 stycznia 2018 r.

150 *Zobacz* publikację gazety *New Telegraph* z 21 listopada 2017 r. autorstwa S. A. Yusufa, zatytułowaną "HYPREP raallyies Ogoni communities for clean-up", dostępną na stronie https://newtelegraphonline.com/2017/11/hyprep-rallies-ogoni-communities-clean/ 24 stycznia 2018 r. *Zobacz również* publikację gazety *New Telegraph*, zatytułowaną "Clean-up: MOSOP domaga się odpowiedzialności od HYPREP", dostępnej na stronie

Ze swojej strony UNEP zobowiązuje się do dalszego oferowania specjalistycznej wiedzy technicznej niezbędnej lub wymaganej przez FGN w celu wsparcia i zapewnienia odpowiedniego wdrożenia jego sprawozdania dotyczącego EA Ogoniland.[151]

ROZWÓJ ROPY NAFTOWEJ I INNE NIEZRÓWNOWAŻONE MODELE PRODUKCJI I KONSUMPCJI ORAZ ŻAŁOSNY STAN ŚRODOWISKA NATURALNEGO

W dużym stopniu można uznać, że trwające globalne wysiłki zmierzające do osiągnięcia SD mogą wynikać z dominujących wzorców produkcji i konsumpcji ludzkości, które zagrażają bazie zasobów naturalnych Ziemi i wspierającym ją ekosystemom. W oparciu o informacje ogólne zawarte w zasadzie 8 Deklaracji z Rio de Janeiro w sprawie środowiska i rozwoju z1992 r. oraz w rozdziale 4 Agendy 21 ONZ,[152] UNEP przedstawia obszerną literaturę dotyczącą niezrównoważonych wzorców produkcji i konsumpcji oraz niekorzystnych skutków tych wzorców na całym świecie.[153] Te niekorzystne skutki obejmują różne wyzwania zagrażające ekosystemom i ludzkości, takie jak zmiany klimatu, degradacja, zanieczyszczenie powietrza i wody, wyczerpywanie się zasobów nieodnawialnych, ubóstwo i głód.

W Nigerii, oprócz działań związanych z zagospodarowaniem zasobów ropy naftowej w stanie Rivers i innych stanach oraz na obszarach ubogich,

---

https://newtelegraphonline.com/2017/09/clean-mosop-demands-accountability-hyprep/, dostępnej 24 stycznia 2018 r. Zob. inną publikację gazety *New Telegraph* z dnia 8 września 2017 r., autorstwa E. Mashy, zatytułowaną "Clean-up: MOSOP domaga się odpowiedzialności od HYPREP", dostępnej na stronie https://newtelegraphonline.com/2017/09/clean-mosop-demands-accountability-hyprep/, dostępnej w dniu 24 stycznia 2018 r.

151 *Zob.* UNEP, *Environmental Assessment of Ogoniland*, *op cit*., s. 6-7.

152 Zasada 8 Deklaracji z Rio w sprawie środowiska i rozwoju z1992 r. stanowi, że "w celu osiągnięcia zrównoważonego rozwoju i wyższej jakości życia wszystkich ludzi, państwa powinny ograniczyć i wyeliminować niezrównoważone wzorce produkcji i konsumpcji oraz promować odpowiednie polityki demograficzne. Z drugiej strony, rozdział 4 Agendy ONZ nr 21, zatytułowany "Zmiana wzorców konsumpcji", dotyczy niezrównoważonych wzorców produkcji i konsumpcji oraz sposobów opracowywania krajowych polityk i strategii mających na celu zachęcanie do zmian niezrównoważonych wzorców konsumpcji, między innymi związanych z ubóstwem i degradacją środowiska.

153 *Zob.* obszar strony głównej UNEP, a konkretnie jego Oddział Gospodarczy i Handlowy, Wydział Technologii, Przemysłu i Ekonomii (DTIE), zatytułowany "Oddział ds. zrównoważonej konsumpcji i produkcji", dostępny na stronie http://www.unep.fr/scp/ w dniu 02 sierpnia 2017 r. Zob. *również* obszar strony głównej UNEP zatytułowany "Sustainable Resource Use", z podtytułem "Overview", poświęconym tematowi "Sustainable Consumption and Production" (Zrównoważona konsumpcja i produkcja), dostępny na stronie https://www.unep.org/resourceefficiency/what-we-do/overview w dniu 17 września 2017 r. *Zob.* E. T. Bristol-Alagbariya, *Governance Towards Sustainable Development in Nigeria: The Role of Strategic Assessment of Decisions & Actions, op cit., s.* 4-5.

zacofanych i zmarginalizowanych, bogatych w ropę naftową delt, istnieją inne formy nieuregulowanej lub niewłaściwie uregulowanej, a tym samym niezrównoważonej produkcji i konsumpcji, które są odpowiedzialne za zwiększoną emisję gazów cieplarnianych[154] w regionie. Należą do nich nielegalne lokalne działania w zakresie rafinacji ropy naftowej, które mają miejsce w społecznościach regionu Delt wydobywających ropę naftową.[155]

---

154 Gazy cieplarniane to gazy, które zatrzymują ciepło w atmosferze. Do gazów tych należą dwutlenek węgla (CO2), metan (CH4) i podtlenek azotu (N2O), które są uwalniane podczas spalania paliw kopalnych, takich jak ropa naftowa, gaz ziemny i węgiel, w celu produkcji energii elektrycznej. Dwutlenek węgla stanowi zdecydowaną większość emisji gazów cieplarnianych z sektora paliw kopalnych. Chociaż para wodna jest najobfitszym gazem cieplarnianym, jest stosunkowo nieszkodliwa, a tym samym nieskuteczna. Naturalne jest występowanie pewnego stopnia gazów cieplarnianych w atmosferze, bez których ekosystem nie byłby możliwy. Gazy cieplarniane w atmosferze pochłaniają promieniowanie podczerwone (zwane także "światłem podczerwonym" lub inaczej "promieniowaniem podczerwonym" - rodzajem niebezpiecznego ciepła) ze słońca i uwalniają je we wszystkich kierunkach. Część uwolnionego w ten sposób ciepła i ciepło słoneczne przenika do atmosfery. W procesie tym pewna ilość ciepła jest ponownie pochłaniana przez gazy cieplarniane w celu utrwalenia cyklu życia tych gazów. Ciągłość cyklu życia gazów cieplarnianych oznacza stałą obecność ciepła w atmosferze. Negatywne skutki zwiększonej emisji gazów cieplarnianych obejmują między innymi globalne ocieplenie i zmiany klimatu, wylesianie i degradację lasów w obszarach tropikalnych, zakwaszenie oceanów, podnoszenie się poziomu mórz, zwiększone topnienie śniegu i lodu, zanieczyszczenie smogiem, pogorszenie się warstwy ozonowej, a także trudności roślin w dostatecznym wchłanianiu składników odżywczych i wynikające z tego zakłócenia normalnego tempa wzrostu roślin. Zob. obszar strony głównej amerykańskiej Agencji Ochrony Środowiska (EPA) na temat "Environmental Topics", zatytułowany "Greenhouse Gas Emissions", z podtytułem "Overview of Greenhouse Gases", dostępny na stronie https://www.epa.gov/ghgemissions/overview-greenhouse-gases w dniu 23 lutego 2018 r. *Zobacz również ten* sam obszar na stronie głównej amerykańskiej Agencji Ochrony Środowiska, zatytułowany "Environmental Topics", podtytuł "Climate Change Indicators", z podtytułem "Climate Change Indicators: Greenhouse Gases", dostępny na stronie https://www.epa.gov/climate-indicators/greenhouse-gases w dniu 23 lutego 2018 r. *Ponownie zobacz* obszar strony głównej EPA, zatytułowany "Greenhouse Gas Emissions", z podtytułem "Global Greenhouse Gas Emissions Data", fundusz na stronie https://www.epa.gov/ghgemissions/global-greenhouse-gas-emissions-data, dostępny w dniu 23 lutego 2018 r. Zob. T. R. H. Pearson *i inni*, "Greenhouse Gas Emissions from Tropical Forest Degradation: An Underestimated Source", dokument dostępny na stronie https://www.ncbi.nlm.nih.gov/pmc/ articless/PMC5309188/, dostępny w dniu 23 lutego 2018 r. *Zob.* obszar strony internetowej "worldatlas" na temat środowiska naturalnego, zatytułowany "List of Greenhouse Gases", dostępny na stronie https://www.worldatlas.com/articles/list-of-greenhouse-gases.html w dniu 23 lutego 2018 r. Zob. M. Jaccard, *Sustainable Fossil Fuels: The Unusual Suspect in the Quest for Clean and Enduring Energy*, Cambridge, Cambridge University Press, 2006. Zob. *także* R. C. Dalal i D. E. Allen, "Greenhouse Gas Fluxes from Natural Ecosystems", Australian Journal of Botany, 56 (5), lipiec 2008, s. 369-407. *Zob.* publikację zatytułowaną "Effects of increased greenhouse gas emissions", dostępną na stronie https://whatsyourimpact.org/effects-increased-greenhouse-gas-emissions w dniu 23 lutego 2018 r.

155 A. Asimiea i G. Omokhua, "Environmental Impact of Illegal Refineries on the Vegetation of the Niger Delta, Nigeria", Journal of Agriculture and Social Research, 13 (2), 2013, s. 121-126. Zob. *także* publikację w *gazecie "National Accord" autorstwa* A. L. Oseni, z 27 listopada 2016 r., zatytułowaną "Can local refinining address Nigeria's crude oil challenge?", dostępną na stronie https://nationalaccordnewspaper.com/can-local-refining-address-nigerias-crude-oil-challenge/ od 1 sierpnia 2017 r. *Zobacz również* publikację *gazety Vanguard, autorstwa* L. Nwabughiogu, z 27 marca 2017 roku, zatytułowaną "Delta Nigru: Buhari kłania się pod presją, dąży do uznania

Alarmujący stopień emisji gazów cieplarnianych w bogatym w ropę naftową regionie Delt nie tylko powoduje dalsze niszczenie środowiska i zagraża zdrowiu ludzi i innych organizmów żywych, ale także stanowi oczywiste zagrożenie dla globalnego ocieplenia i zmian klimatycznych w stanie Rivers i innych stanach i obszarach regionu Delt[156] oraz Nigerii.[157] Niepokojącym

---

nielegalnych, lokalnych rafinerii", dostępną pod adresem http://www.vanguardngr.com/2017/03/niger-delta-buhari-bows-pressure-moves-recognize-illegal-local-refineries/, z dnia 1 sierpnia 2017 roku. *Zob.* publikacja gazety "*Guardian" autorstwa* T. Daka, z dnia 27 marca 2017 r., z dopiskiem "Prezydencja podejmuje działania w celu przekształcenia nielegalnych rafinerii ropy naftowej w delcie Nigru", znaleziona na stronie https://guardian.ng/news/presidency-moves-to-transform-illegal-niger-delta-oil-refineries/, udostępniona w dniu 1 sierpnia 2017 r. *Patrz* publikacja gazety *Premium Times, autorstwa* S. Ogundipe, z dnia 09 lutego 2017 r., zatytułowana "Rivers govt, residents express concern about black carbon in Port Harcourt atmosphere", dostępna na stronie http://www.premiumtimesng.com/regional/. South-south-regional/223086-rivers-govt-residents-express-concern-black-carbon-port-harcourt-atmosphere.html, dostęp: 19 września 2017 r. Zob. inną publikację gazety *Premium Times* z dnia 1 kwietnia 2017 r. zatytułowaną "Nielegalne rafinerie w delcie Nigru do produkcji 1000 baryłek ropy dziennie - NNPC", dostępną na stronie http://www.premiumtimesng.com/ news/top-news/227677-illegal-niger-delta-refineries-produce-1000-barrels-oil-daily-nnpc.html, dostępną dnia 1 sierpnia 2017 r. *Patrz* publikacja Sahara Reporters, z dnia 03 lutego 2017 roku, zatytułowana "Dangerous But Lucrative: The Business of "Crude Oil Cooking" In The Niger Delta", znaleziona na stronie http://saharareporters.com/2017/02/03/dangerous-lucrative-business-%E2%80%9Ccrude-oil-cooking%E2%80%9D-niger-delta, dostępna od 1 sierpnia 2017 roku. ***Zobacz również*** publikację *WordPressa*, zatytułowaną "Of 'Illegal' Refineries and the criminalization of local ingenuity", znajdującą się na stronie https://nzesylva.wordpress.com/of-illegal-refineries-and-the-criminalization-of-local-ingenuity/, dostępną 01 sierpnia 2017 roku. Zob. publikację *Sweet Crude*, autorstwa O. Onwuemenyi, z dnia 11 marca 2017 r., zatytułowaną "Modular refineries as panacea for petroleum products challenges, illegal refining", http://sweetcrudereports.com/2017/03/11/ modular-refineries-as-panacea-for-petroleum-products-challenges-illegal-refinition", dostępną w dniu 1 sierpnia 2017 r.

156 *Patrz* zasada 8, Deklaracja z Rio w sprawie środowiska i rozwoju, 1992. Zob. *także* E. T. Bristol-Alagbariya, *Governance Towards Sustainable Development in Nigeria: The Role of Strategic Assessment of Decisions & Actions, op cit., str.* 4-8. *Patrz* Y. Oke, *Nigeria Energy and Natural Resources Law -Notes and Materials*, Lagos, Preston & Associates, str. 5 i 255-286. Zob. *również* Cel Trzynasty GWS ONZ, zatytułowany "Działania na rzecz klimatu".

157 Należy podkreślić, że aspekty ludzkie i gospodarcze *w odniesieniu do* działalności produkcyjnej na całym świecie są w różnym stopniu uzależnione od warunków pogodowych, a Nigeria nie jest tu wyjątkiem. Istnieje zatem potrzeba, aby odpowiednie nigeryjskie agencje rządowe i organizacje zawodowe oraz osoby dysponujące ich zasobami opracowały odpowiednie strategie dostosowawcze w celu przeciwdziałania niekorzystnym skutkom globalnego ocieplenia i zmian klimatycznych w kraju. A. C. Anuforom, "Meteorology, Climate Change and the Nigerian Economy", będąca wykładem indukcyjnym Nigeryjskiej Akademii Nauk (NAS) w 2013 r., dostępnym na stronie http://www.nimet.gov.ng/lecture/nas/meteorology-climate-change-and-nigerian-economy 7 lutego 2018 r. Ogólnie rzecz biorąc, *zobacz* stronę internetową Nigeryjskiej Agencji Meteorologicznej (NMA), oficjalne źródło wszystkich wydarzeń pogodowych w Nigerii, dostępną pod adresem http://www.nimet.gov.ng/ 7 lutego 2018 r. *Patrz* A. Gore, *An Inconvenient Truth: The Planetary Emergency of Global Warming and What We Can Do about it*, Rodale, Nowy Jork, 2006. Patrz *też:* D. Archer, Globalne ocieplenie*: Understanding the Forecast*, John Wiley & Sons, Hoboken, 2012. *Patrz:* J. L. Brooke, *Climate Change and the Course of Global History: A Rough Journey (Studies in Environment and History)*, Cambridge, Cambridge University Press, 2014. Zob. G. Luber i J. Lemery (red.), *Global Climate Change and Human Health: From Science to Practice*, Jossey-Bass, San Francisco, 2015. Zob. *też* J. Romm, *Climate Change: What Everyone Needs to Know,* Oxford, Oxford University Press, 2016.

poziomem emisji dwutlenku węgla jest powszechny charakter "czarnego węgla" (nazywanego również "czarnym dymem" i "sadzą"), który powoduje zanieczyszczenie powietrza, ziemi i wody, a tym samym zagraża zdrowiu żywych organizmów, zwłaszcza obywatelom i innym mieszkańcom Port Harcourt i kilku innych miejscowości w stanie Rivers State.[158]

Alarmujący stopień rozprzestrzeniania się "czarnego węgla" w Rivers State wynika z działalności rafinerii rzemieślniczych, nielegalnego bunkra ropy naftowej, zakładów produkcji asfaltu oraz działalności operacyjnej przedsiębiorstw naftowych i gazowych, a także z przypadków spalania plastikowych schronów i opon w Port Harcourt i innych częściach państwa.[159]

Ogólnie rzecz biorąc, istotnym środkiem zaradczym mogącym zaradzić niezrównoważonym wzorcom produkcji i konsumpcji jest zrównoważone wykorzystanie (które obejmuje niezrównoważoną eksploatację i konsumpcję) zasobów naturalnych[160]. Zrównoważone korzystanie z zasobów naturalnych obejmuje ostrożne wykorzystywanie, zachowanie i skuteczną ochronę zasobów naturalnych i zarządzanie nimi. Na przykład, w odniesieniu do różnorodności biologicznej, która kojarzy się z różnorodnością form życia, takich jak rośliny, zwierzęta i mikroorganizmy w ekosystemie lub całej planecie Ziemia, zrównoważone wykorzystaniewiąże się z mądrym wykorzystaniem i korzystaniem z tych zasobów przez człowieka w sposób, który nie prowadzi do ich systematycznego niszczenia. Zrównoważone wykorzystywanie wiąże się z wykorzystywaniem zasobów naturalnych w sposób, który jest w stanie zaspokoić potrzeby obecnego pokolenia ludzkości bez uszczerbku dla możliwości zaspokajania potrzeb przyszłych pokoleń. W pewnym sensie, zrównoważone wykorzystanie zasobów ma miejsce wtedy, gdy sposób i/lub tempo ich zużycia może mieć miejsce lub być kontynuowane w sposób, który odpowiednio chroni, zachowuje i zarządza środowiskiem. W związku z tym, aby osiągnąć zrównoważone wykorzystanie zasobów, ludzkość musi na przykład korzystać z odnawialnych źródeł energii, takich jak energia słoneczna,

---

158 *Zobacz* publikację *The News* Magazine, autorstwa O. Ofiebor, zatytułowaną "Strange Carbon Emissions Create Panic in Port Harcourt", z dnia 10 grudnia 2016 r., dostępną na stronie http://thenewsnigeria.com.ng/2016/12/strange-carbon-emissions-create-panic-in-port-harcourt/ 17 września 2017 r. *Zob.* M. E. Ikehi, "Perceived Impacts of Climate Change on Agricultural Production in Niger Delta Region of Nigeria", Virtual Library, University of Nigeria, Department of Vocational Teacher Education, Faculty of Education, maj 2014 r., dostępne na stronie: http://www.unn.edu.ng/publications/files/IMPACTS%20OF%20CLIMATE%20CHNAGE.pdf, dostęp: 20 listopada 2017 r.

159 *Patrz* S. Serekara-Nwikhana, 'Black Soot': RSG Seeks Stakeholders", *The Tide*, Rivers State Newspaper Corporation, Wednesday, December 13, 2017, p. 6.

160 C. Hill, *An Introduction to Sustainable Resource Use*, Abingdon, Routledge, 2011.

energia wiatru, energia wodna, energia geotermalna i energia z biomasy, zamiast koncentrować się na wykorzystaniu nieodnawialnych zasobów energii, takich jak paliwa kopalne w postaci węgla, ropy naftowej i gazu ziemnego. Trwające globalne wysiłki na rzecz rozwoju zrównoważonego przeważają nad rządami i ludźmi na całym świecie w zakresie wykorzystywania odnawialnych źródeł energii, które w mniejszym stopniu szkodzą środowisku, a tym samym zwiększają rozwój zrównoważony.[161]

Zasadniczo solidna literatura UNEP w tym zakresie zawiera jej zalecenia dotyczące sposobów radzenia sobie z konsekwencjami niezrównoważonych wzorców produkcji i konsumpcji zagrażających środowisku i rozwojowi zrównoważonemu na całym świecie. Zalecenia te obejmują różne wzorce zrównoważonej konsumpcji i produkcji (SCP), takie jak efektywny rozwój i wykorzystanie zasobów naturalnych[162]. Na mocy tych zaleceń UNEP przekonuje państwa na całym świecie do włączenia koncepcji zrównoważonej produkcji i konsumpcji w ramy ich wysiłków na rzecz rozwoju, takich jak partnerstwa publiczno-prywatne mające na celu poprawę dobrostanu ludzi w ich jurysdykcjach. UNEP wzywa również państwa globalne do wprowadzenia w życie skutecznych przepisów dotyczących ochrony środowiska oraz opracowania norm i systemów zarządzania środowiskiem, aby umożliwić państwom przezwyciężenie wyzwań związanych ze środowiskiem w ich własnych kontekstach rozwojowych.[163]

---

161 G. Boyle *et al* (red.), *Energy Systems and Sustainability: Power for a Sustainable Future*, Oxford, Oxford University Press, Oxford, 2003. *Patrz również* L. L. Delina, *Accelerating Sustainable Energy Transition(s) in Developing Countries: The challenges of Climate Change and Sustainable Development* (Routledge Studies in Energy Transitions), Abingdon, Routledge, 2018. R. Ottinger *i inni* (red.), UNEP *Guide for Energy Efficiency and Renewable Energy Laws*, Nairobi, UNEP, 2016.

162 *Zob.* sprawozdanie roczne UNEP za 2015 r. zatytułowane "Resource Efficiency and Sustainable Consumption and Production", 2015 r., dostępne na stronie http://www.unep.org/annualreport/2015/en/resource-efficiency.html w dniu 02 sierpnia 2017 r.

163 W kontekście niniejszego opracowania, prawa ochrony środowiska, które można również określić jako prawa dotyczące środowiska i zasobów naturalnych, składają się z szeregu zasad, nakazów, reguł, dogmatów, przepisów i innych sposobów postępowania regulujących skutki działalności człowieka i całego społeczeństwa dla środowiska naturalnego, w celu zapewnienia skutecznej ochrony środowiska i zarządzania nim, utrzymania zdrowia osobistego i publicznego oraz skutecznej regulacji PPP na rzecz rozwoju społeczno-gospodarczego w kierunku rozwoju zrównoważonego, który promuje zachowanie środowiska i ekosystemu, stałą poprawę dobrobytu ludzi i ochronę przyrody jako całości. Zob. UNEP, Zdrowe *środowisko, Zdrowi ludzie*, op. *cit.* Zob. *także* L. Atsegbua *i inni, Prawo ochrony środowiska w Nigerii: Teoria i praktyka*, op. *cit.*, s. 4. Zob. M. T. Ladan, *Natural Resources and Environmental Law and Policies for Sustainable Development in Nigeria*, Zaria, Ahmadu Bello University Press, 2014. Zob. B. J. Richardson i S. Wood (red.), *Environmental Law for Sustainability: A Reader (Osgoode Readers)*, Oxford, Hart Publishing, 2006. Zob. *także* P. Dasgupta, *Human Well-Being and the Natural Environment, Oxford, Oxford* University Press, 2004. J. Benidickson *et al* (red.),

Skuteczne włączenie zaleceń UNEP dotyczących wzorców zrównoważonej produkcji i konsumpcji przez państwa globalne do ich krajowych ram polityki rozwoju oraz systemów planowania i wdrażania bez wątpienia ułatwiłoby i obniżyło koszty produkcji towarów i usług przez państwa, przy mniejszym ryzyku dla ludzkości i środowiska naturalnego.[164]

Oczekuje się zatem, że państwa globalne będą obowiązkowo wdrażać zalecenia UNEP dotyczące zrównoważonej produkcji i konsumpcji, a tym samym wspierać osiąganie zrównoważonej produkcji i konsumpcji w swoich dziedzinach w sposób zgodny z dyktatem pojawiających się standardów regulacyjnych w zakresie ochrony środowiska oraz prawa i praktyki w tej dziedzinie. W tym celu można przypomnieć, że strategia rozważana i zalecana przez Światową Komisję ds. Środowiska i Rozwoju (WCED - tj. Komisję Brundtlanda), polega na zaangażowaniu się w "rozwój bez zniszczenia", biorąc pod uwagę, że "gdy ludzie stawiają środowisko na pierwszym miejscu, rozwój będzie trwał". Ogólnie rzecz biorąc, celem zrównoważonej konsumpcji i produkcji jest osiągnięcie "więcej i lepiej przy mniejszych nakładach" poprzez ograniczenie zużycia zasobów, degradacji i zanieczyszczenia w całym cyklu życia towarów i usług, przy jednoczesnym zwiększeniu jakości życia wszystkich ludzi.

W związku z tym alarmujące negatywne konsekwencje działań MNOC w zakresie rozwoju zasobów ropy naftowej w bogatym w ropę regionie Delty Nigerii oraz innych niezrównoważonych wzorców produkcji i konsumpcji, które mają miejsce w tym regionie i w innych częściach Nigerii, wymagają od rządów w kraju, a zwłaszcza od rządowych organów regulacyjnych, wzmożenia wysiłków na rzecz przezwyciężenia wyzwań związanych z tymi wzorcami produkcji i konsumpcji. W ten sposób zapewniono by odpowiedzialne wzorce produkcji i konsumpcji w Nigerii, zgodne z celem dwunastym celów SDG ONZ, zatytułowanym "odpowiedzialna konsumpcja i produkcja". Nigeria powinna już dawno wprowadzić skuteczne mechanizmy przestrzegania i egzekwowania przepisów w tym zakresie, zgodnie z zaleceniami pojawiających się strategii SD, w tym różnych standardów i praktyk regulacyjnych w zakresie ochrony środowiska oraz innych norm, zasad, standardów i praktyk ukierunkowanych

Environmental Law and Sustainability After Rio (The IUCN Academy of Environmental Law Series), Cheltenham, Edward Elgar, 2011. Zob. D. S. Olawuyi, *The Principles of Nigerian Environmental Law*, *op cit.* Zob. *także* J. Crawford, *Brownlie's Principles of Public International Law*, Oxford, Oxford University Press, 2008, s. 331-365.

164 *Zob.* E. Briggs (red), *Sustainable Consumption and Production: A Handbook for Policymakers*, Nairobi, UNEP, 2015.

na prawo SD, ewoluujących w stosunku do systemu ONZ, które obejmują postanowienia Agendy 21 ONZ.[165]

Nie ma zatem wątpliwości, że istnieje potrzeba, aby w dalszym ciągu obrzydliwy sposób prowadzenia działalności w zakresie zagospodarowania złóż ropy naftowej przez spółki wydobywcze ropy naftowej i gazu ziemnego w stanie Rivers, innych obszarach bogatego w ropę naftową regionu Delty Nigru oraz innych obszarach wydobycia ropy naftowej w Nigerii, a także innych wzorców niezrównoważonej produkcji i konsumpcji w kraju, został odpowiednio uwzględniony, zgodnie z aktualnie zmieniającymi się na całym świecie normami regulacyjnymi w zakresie ochrony środowiska oraz przepisami i praktyką w zakresie zrównoważonego rozwoju. This doing so would ensure responsible production and consumption patterns, in compliance with the 17 SDGs and the 169 targets associated with them, which are initiated by the UN to bring an end of poverty, protect the Planet Earth and ensure prosperity for all mankind by the target year, 2030.

Jest rzeczą oczywistą i pouczającą, że narody i narody świata nie zdołały osiągnąć Milenijnych Celów Rozwoju ONZ (MCR) do 2015 r., jak przewidziała wspólnota narodów na mocy Deklaracji Milenijnej ONZ, która została jednogłośnie osiągnięta na mocy rezolucji 55/2 Zgromadzenia Ogólnego ONZ (ZO ONZ) z dnia 8 września 2000 r. W związku z tym globalna wizja i misja związana z SDG powinny skłonić rządy, przedsiębiorstwa oraz całe szeregi i akta społeczeństwa obywatelskiego w Nigerii do podjęcia rzeczywistych i niestrudzonych wysiłków na rzecz opracowania, rozwoju i stosowania wzorców produkcji i konsumpcji zorientowanych na SD, aby położyć kres ubóstwu, chronić środowisko naturalne i zapewnić dobrobyt wszystkim obywatelom i

165 Agenda 21 ONZ jest kompleksowym planem działań, które mają być podjęte globalnie, narodowo i lokalnie przez organizacje systemu ONZ, rządy i główne grupy w każdej dziedzinie wpływu człowieka na środowisko. Jest to plan i/lub "zielony ślad" pokazujący, w jaki sposób przy pomocy sektora prywatnego (biznesu), organizacji pozarządowych (NGO) i osób prywatnych, krajów rozwiniętych, gospodarek w okresie transformacji i krajów rozwijających się, oczekuje się wdrożenia nowych polityk, przepisów i strategii mających na celu odpowiedzialny rozwój, w kierunku rozwoju zrównoważonego i sprawiedliwego społecznie. Agenda 21 pokazuje, że osiągnięcie lub zapewnienie rozwoju zrównoważonego wymaga dobrego przywództwa politycznego (tj. dobrych rządów), zwiększonego finansowania i wzajemnej współpracy rządów, przedsiębiorstw i społeczeństwa obywatelskiego, zważywszy, że rozwój zrównoważony może zostać osiągnięty jedynie przez wszystkie sektory społeczeństwa działające wspólnie. *Zob.* obszar strony głównej *platformy wiedzy o zrównoważonym rozwoju*, UNDESA, zatytułowany "Agenda 21, UNCED 1992", dostępny na stronie https://sustainabledevelopment.un.org/outcomedocuments/agenda21 w dniu 17 września 2017 r. Zob. *również* publikację zatytułowaną "Agenda 21: A Summary", dostępną na stronie http://archives.studentscommission.ca/enviro/ag16to21_e.html w dniu 24 września 2017 r. Zob. E. T. Bristol-Alagbariya, *Governance Towards Sustainable Development in Nigeria: The Role of Strategic Assessment of Decisions & Actions, op cit. Zob.* J. F. Sachs, *The Age of Sustainable Development*, op. *cit.*

ludzkości Nigerii w kraju, w ramach trwających globalnych wysiłków na rzecz osiągnięcia SD w ogólnym interesie narodów i ludów świata do 2030 r.

Wzorce zrównoważonej produkcji i konsumpcji oraz inne strategie i praktyki ONZ zorientowane na rozwój zrównoważony oraz powstające prawa i praktyki rozwoju zrównoważonego

Z powyższego podtytułu wynika, że kierunek ONZ w zakresie zrównoważonych wzorców produkcji i konsumpcji, o czym świadczy UNEP (głos ONZ w sprawie środowiska naturalnego),jest pouczający. Strategia systemu ONZ w tym zakresie przekłada się na realizację i działania następcze państw członkowskich globalnej unii suwerennych państw w ich własnych krajach.

Ogólnie rzecz biorąc, w oparciu o coraz częściej inicjowane w systemie ONZ strategie ukierunkowane na SD, państwa członkowskie ONZ opracowują swoje dalsze strategie mające na celu osiągnięcie SD w swoich krajach. Takie strategie państw członkowskich obejmują ich odpowiednie krajowe normy, wskaźniki,[166] standardy,zasady,[167]prawa i praktyki zorientowane na SD. Dla

---

166 Wskaźniki SD (SDI) są przeznaczone do monitorowania i oceny bieżących inicjatyw SD. Zob. obszar strony głównej ONZ na "Wydziale Statystyki" Departamentu Spraw Gospodarczych i Społecznych ONZ (UNDESA), zatytułowany "Welcome to the Sustainable Development Goal Indicators Website" (Witamy na stronie internetowej dotyczącej wskaźników zrównoważonego rozwoju), dostępny pod adresem https://unstats.un.org/sdgs/ w dniu 18 września 2017 r. *Ponadto zob.* publikację ONZ zatytułowaną "The Sustainable Development Goals Report 2016" w obszarze strony głównej ONZ na temat "Statistics Division" Departamentu Spraw Gospodarczych i Społecznych ONZ (UNDESA), dostępną pod adresem https://unstats.un.org/sdgs/report/2016/ w dniu 18 września 2017 r. Zob. *również* artykuł zatytułowany "Wskaźniki zrównoważonego rozwoju: Wskaźniki zrównoważonego rozwoju: lipiec 2015 r.", na stronie głównej brytyjskiego Urzędu Statystyk Narodowych, dostępny pod adresem https://www.ons.gov.uk/peoplepopulationandcommunity/wellbeing/articles/sustainable developmentindicators/2015-07-13, dostępny w dniu 18 września 2017 r. *Zob.* inny obszar strony głównej Urzędu Statystyk Krajowych Zjednoczonego Królestwa, zatytułowany "National Statistics", z podtytułem "Sustainable Development Indicators (SDI)", dostępnym na stronie https://www.gov.uk/government/statistics/sustainable-development-indicators-sdis w dniu 18 września 2017 r. *Zob.* artykuł zatytułowany "UK Government National Sustainable Development Indicators Updated" ("Zaktualizowane krajowe wskaźniki zrównoważonego rozwoju rządu Zjednoczonego Królestwa"), dostępny na stronie internetowej http://www.actionsustainability.com/news/105/UK-Government-National-Sustainable-Development-Indicators-Updated/, dostępny w dniu 18 września 2017 r. Zob. *również* S. Bell i S. Morse, *Sustainability Indicators (Wskaźniki Zrównoważonego Rozwoju): Zmierzyć niemierzalne?* , Londyn, Earthscan, 2008.

167 Istnieje siedem zasad SD określonych w nigeryjskiejNarodowej Polityce Ochrony Środowiska. Zasady te to: (i) zasada ostrożności, (ii) zasada zapobiegania zanieczyszczeniom (3P+), (iii) zasada "zanieczyszczający płaci" (PPP), (iv) zasada "użytkownik płaci" (UPP), (v) zasada sprawiedliwości międzypokoleniowej, (vi) zasada sprawiedliwości międzypokoleniowej oraz (vii) zasada uczestnictwa. Zasady te przekazują powiązania pomiędzy a) procesami rozwoju, b) czynnikami środowiskowymi, c) ludzkością i d) zasobami naturalnymi. Zasady SD mogą być bardziej właściwie rozważane z uwzględnieniem aspektów (tj. komponentów, filarów lub sfer) wskaźników SD i SD (SDI). Aspektami SD są aspekty ekonomiczne, społeczne, środowiskowe i zarządzania, w tym aspekty kulturowe i ekologiczne SD. *Zob.* poprawione wydanie "Nigeria's National Policy on the Environment", Abudża, FEPA, 1999, s. 1.

przykładu, strategie zorientowane na rozwój zrównoważony, opracowywane przez państwa członkowskie ONZ na temat wzorców zrównoważonej produkcji i konsumpcji, mogą być przypisane do ich odpowiednich krajów. Strategie takie oraz kilka innych działań następczych i wdrożeniowych zorientowanych na SD, opracowywanych przez państwa członkowskie ONZ w ich krajach, przekształcają się w pożądany zbiór praw i praktyk w zakresie SD.

W związku z tym, w wysiłkach państw członkowskich ONZ zmierzających do osiągnięcia SD poprzez poprawę dobrobytu ludzkości i społeczeństwa, sposoby postępowania i praktyki prawa miękkiego (które są jedynie przekonujące i tym samym mają słabą siłę wiążącą) są coraz częściej przekształcane w podejścia i praktyki prawa twardego (które są przekonujące i tym samym mają silną siłę wiążącą).[168]

---

168 Na przykład istnieją traktaty, konwencje, protokoły i porozumienia konsumowane wśród suwerennych państw świata, jak również przepisy zwyczajowego prawa międzynarodowego, w szczególności międzynarodowego prawa ochrony środowiska,które stanowią, że suwerenne państwo nie może wyrządzać szkód w środowisku naturalnym w innym państwie. Takie stanowisko prawa zostało ustalone w przypadku *Arbitrażu Huty Szlakowej* (1931-1941), Arb. Trib., 3 UN RIAA, 1905 (1941). W tej sprawie, w której uczestniczyły USA (jako powód) i Kanada (jako pozwany), huta Trail (inaczej zwana Train hutą), będąca własnością i prowadzona przez kanadyjską korporację The Consolidated Mining and Smelting Company (COMINCO), była wykorzystywana do przetwarzania ołowiu i cynku w Kolumbii Brytyjskiej. W latach 1925-1937 dym zawierający dwutlenek siarki z huty powodował szkody w uprawach i lasach zdominowanych przez drewno na pograniczu kanadyjsko-amerykańskim w stanie Waszyngton. Dym z huty dotknął właścicieli gruntów, rolników i mieszkańców stanu Waszyngton, którzy złożyli skargę przeciwko COMINCO i domagali się odszkodowania. Ponieważ spór pomiędzy operatorami huty a skarżącymi nie mógł zostać rozwiązany, sprawa została wniesiona do sądu arbitrażowego w celu wydania nakazu sądowego ograniczającego działalność huty oraz odszkodowania za zanieczyszczenie powietrza i szkody poniesione przez skarżących. Sprawa ta jest podstawą dwóch zasad prawa międzynarodowego, w szczególności międzynarodowego prawa ochrony środowiska, a mianowicie: a) zasady "zanieczyszczający płaci"; oraz b) zasady stanowiącej, że suwerenne państwa mają obowiązek zapobiegać szkodom transgranicznym (takim jak transgraniczne szkody w środowisku) w innych państwach. Do innych zasad lub pojęć związanych z tą sprawą należy zasada "*utere tuo Ut alienaum non laedas*", oznaczająca "używać naszych własnych, aby nie szkodzić innym"; oraz zasada "*bon voisinage"*, oznaczająca "dobre sąsiedztwo". Dziedzictwem sprawy Huty Szlakowej jest m.in. ewentualne utworzenie systemów regulacyjnych mających na celu zapobieganie degradacji środowiska naturalnego, w ramachktórych suwerenne państwa mają podejmować reagujące i odpowiedzialne kroki w celu kontroli zanieczyszczeń pochodzących z ich jurysdykcji do państw sąsiednich. Niepowodzenie państw w wypełnianiu swoich obowiązków w tym zakresie oznacza, że naruszają one prawo międzynarodowe, w szczególności międzynarodowe prawo ochrony środowiska. *Zob.* L. Atsegbua *i inni, Prawo ochrony środowiska w Nigerii: Teoria i praktyka, op cit.*, str. 286-288. Istnieje zatem potrzeba istnienia zjadliwych i tętniących życiem praw, przepisów, polityk i praktyk w zakresie ochrony środowiska i ochrony przyrody, które będą stanowić wytyczne dla stanów globalnych i innych podmiotów prawa międzynarodowego, tak aby wzmocnić międzynarodowe i krajowe zarządzanie środowiskiem, jak również prawo i praktyki zorientowane na rozwój zrównoważony na całym świecie. *C/f* J. Friedrich, *Międzynarodowe prawo ochrony środowiska "miękkie": The Functions and Limits of Nonbinding Instruments in International Environmental Governance and Law"*, Heidelberg, Springer, 2013. Zob. *również* M.T. Ladan, *Natural Resources*

UWAGI KOŃCOWE I ZALECENIA

Do tej pory w niniejszej monografii podjęto próbę omówienia środowiska jako wspólnego dla ludzkości, wszystkich czujących istot i całego społeczeństwa, w odniesieniu do nierozerwalnych koncepcji "jednej ziemi", "jednego świata", "jednego środowiska globalnego" *w odniesieniu do* "jednego wspólnego środowiska"oraz "naszej wspólnej przyszłości"(tj. "wspólnej przyszłości" całej ludzkości i całej globalnej społeczności. Te przeplatające się koncepcje pokazują, że środowisko naturalne ewoluowało w historii ludzkości i wszechświata, i że to samo było dynamiczne, postępowe i rozwijało się w czasie i wieku. Monografia omawia również środowisko naturalne jako składające się na środowisko naturalne i zbudowane.

It brings to the fore the environment in Rivers State of the oil-rich minority ethnic Nigerian Delta region is broadly made up of the lands and people of the core coastal (i.e., essentially saltwater and riverine) ethnic nationalities' environment zone of the State and the mainland (i.e., upland) ethnic nationalities' environment zone of the State. Lądy i ludność tych dwóch szerokich obszarów określają środowisko naturalne w państwie nadrzecznym.

Monografia zwraca również uwagę na fakt, że dominującą koncepcją środowiska, zwłaszcza w kontekście trwających wysiłków ONZ na rzecz środowiska i rozwoju w kierunku rozwoju zrównoważonego, jest "korzystne środowisko". The concept of beneficial environment in relation to petroleum and other major natural resources development operations in major natural resources-rich Rivers State and other parts of the oil-rich Delta Niger region thus becomes a focal issue for consideration.

W dalszej części sprawozdania omówiono w sposób zwięzły poszukiwania, odkrycia i rozpoczęcie działań związanych z zagospodarowaniem zasobów ropy naftowej w stanie Rivers i innych częściach bogatej w ropę naftową mniejszości etnicznej regionu Delty Nigru, a także negatywne skutki działań związanych z zagospodarowaniem zasobów oraz reakcje ludności i społeczności stanu i innych części regionu.

Biorąc pod uwagę szeroki zakres tematyki związanej ze środowiskiem oraz dostępność ogromnej literatury na temat negatywnego wpływu działań związanych z rozwojem zasobów ropy naftowej w państwie nadrzecznym i innych częściach regionu Delt, niniejsza monografia koncentruje się na tym, w

---

and Environmental Law and Policies for Sustainable Development in Nigeria, *op cit. Zob.* A. K. Usman, *Environmental Protection Law and Practice*, Lagos, Malthouse Press, 2017.

jaki sposób ocena oddziaływania na środowisko (EA) może przyczynić się do ochrony środowiska i promowania rozwoju zrównoważonego, w trakcie działań związanych z rozwojem zasobów w państwie, ze szczególnym uwzględnieniem Ogoniland. Pokazuje ona, że tendencja wydarzeń związanych z negatywnymi skutkami działań na rzecz rozwoju zasobów ropy naftowej w regionie Rivers State od ery kryzysów wspólnotowych w latach 90. do trwającej ery wdrażania raportu UNEP z 2011 r. na temat EA Ogoniland podkreśla znaczenie EA jako narzędzia ochrony środowiska i zarządzania nim, a także techniki rozwoju zrównoważonego w trakcie działań na rzecz rozwoju zasobów w regionie Rivers State. To właśnie na tej podstawie w monografii podjęto próbę omówienia operacji zagospodarowania złóż ropy naftowej w państwie, biorąc pod uwagę historię ruchu kontroli nad zasobami obywateli i grup obywateli państwa oraz innych obszarów bogatego w ropę naftową regionu delty etnicznej mniejszości. Odbyło się to na tle historycznej marginalizacji i zaniedbań ludności Stanu Rivers i innych mieszkańców regionu Delt w procesie budowania narodu w Nigerii, ze szczególnym uwzględnieniem działań na rzecz rozwoju zasobów ropy naftowej. W tym kontekście monografia odróżnia prawdziwy (tj. etnograficzny, historyczny i geograficzny) region Delty Nigru od sztucznego politycznie umotywowanego regionu Delty Nigru utworzonego na mocy ustawy Komisji Rozwoju Nigru-Delty (ang. Establishment, etc.) Act (inaczej zwanej "ustawą NDC").

Monografia ta jest echem agitacji mieszkańców stanu Rivers i innych stanów bogatych w ropę naftową mniejszości etnicznych regionu Delt, aby zostali oni formalnie uznani za głównych interesariuszy rozwoju zasobów naftowych w Nigerii. Odzwierciedla ona również żądania obywateli dotyczące przyznania im praw i wolności jako ludziom, w oparciu o wzorcowe międzynarodowe zasady, standardy i praktyki, jak na przykład wyrażone w rezolucji Zgromadzenia Ogólnego ONZ 47/135 z 18 grudnia 1992 r., zatytułowanej "Deklaracja o prawach osób należących do mniejszości narodowych lub etnicznych, religijnych i językowych". W związku z tym monografia przedstawia postulaty ludności i rządu Stanu Rivers oraz innych stanów regionu Delty bogatej w ropę naftową, aby ugruntować prawdziwy federalizm i autentyczną demokrację w FRN, tak aby wola i dobrobyt obywateli nigeryjskich były najważniejszymi problemami rządów w federacji. W związku z tym ruch kontroli zasobów w regionie Delt, który opowiada się za sprawiedliwością społeczną, sprawiedliwością i uczciwą rozgrywką pomiędzy grupami składowymi i narodami FRN oraz pomiędzy nimi, domaga się praktykowania prawdziwego federalizmu, wzmocnionego przez prawdziwy federalizm fiskalny, w odniesieniu do rozwoju ropy naftowej i innych głównych zasobów naturalnych w federacji.

Monografia przedstawia w skrócie zdjęcia rentgenowskie EA, propozycje rozwoju oraz ochronę środowiska i zarządzanie nim w kontekście i perspektywie dominującego procesu OOŚ w Nigerii oraz procesu SEA, który nie został jeszcze zinstytucjonalizowany w tym kraju. Dokonano w niej przeglądu sprawozdania UNEP z 2011 r. dotyczącego EA w Ogonilandzie, aby stworzyć odpowiednie podstawy do zbadania trwającego procesu wdrażania tego sprawozdania, w kontekście roli OOŚ i SEA. Po przeprowadzeniu tej analizy stwierdza się, że niekorzystne skutki działań związanych z zagospodarowaniem zasobów ropy naftowej, które były i nadal są odczuwane w stanie Rivers oraz w innych państwach wydobywających ropę naftową w Nigerii, mogą wynikać z kilku czynników. Należą do nich m.in. nieskuteczność i/lub nieefektywność dominującego procesu OOŚ projektów zagospodarowania zasobów ropy naftowej, zwłaszcza oceny oddziaływania na społeczeństwo (Social Impact Assessment - SIA) i oceny oddziaływania na zdrowie (Health Impact Assessment) w ramach procesu EA w odniesieniu do tych projektów zagospodarowania zasobów w stanie Rivers i innych częściach bogatego w ropę naftową regionu Delty Nigru oraz innych obszarów wydobycia ropy naftowej w Nigerii. Inne czynniki obejmują konieczność energicznego wdrożenia i/lub egzekwowania obowiązujących procesów EA, takich jak oceny oddziaływania na środowisko po zakończeniu eksploatacji (PCA), oceny oddziaływania na środowisko po zakończeniu eksploatacji (PCIA), plany zarządzania środowiskiem (EMP), systemy zarządzania środowiskiem (EMS), oceny ryzyka i audyty środowiskowe w Nigerii. Dotychczasowy proces OOŚ dla projektów rozwoju ropy naftowej i innych głównych zasobów naturalnych w Nigerii pokazuje, że proces ten służy jedynie rozwojowi społeczno-gospodarczemu i wzrostowi gospodarczemu, a także stanowi drogę do degradacji zasobów, degradacji środowiskai dewastacji ekologicznej. Fakt, że zanieczyszczenie ropą naftową i spalanie gazu w pochodni narusza podstawowe i niezbywalne prawo człowieka do życia (i godność osoby ludzkiej), jak również prawo do zdrowego środowiska w bogatym w ropę naftową regionie Delty Nigru, wymaga podjęcia działań przez międzynarodowe koncerny naftowe i gazowe (MNOCs) działające w tym regionie i władze wszystkich szczebli, w szczególności przez aktywną postawę wymiaru sprawiedliwości (w odniesieniu do spraw wnoszonych do sądów) i rządowych agencji regulacyjnych ds. ochrony środowiska.

Tak więc w odniesieniu do EA, przedstawiając przegląd zaleceń i realizacji raportu UNEP na temat EA Ogoniland, monografia ta odzwierciedla potrzebę zastosowania doktryny i praktyki SEA, jak również szerszych ram SA, tak by zrealizować zalecenia raportu w interesie ziemi i jej mieszkańców, jak również ziemi i mieszkańców innych części stanu Rivers oraz obszarów wydobycia ropy naftowej w całej Nigerii. W ten sposób monografia dowodzi, że trwające obecnie wdrażanie sprawozdania UNEP w sprawie EA Ogoniland powinno być w stanie właściwie zregenerować i zrekultywować środowisko naturalne w tym kraju, a tym samym przywrócić źródła utrzymania i poprawić dobrobyt jego mieszkańców, a tym samym innych części stanu Rivers i całego regionu Delty Nigru.

Jednakże w tym celu, w szczególności w odniesieniu do programu oczyszczania i rekultywacji Ogonilandu o wartości 1 miliarda dolarów, FGN, monografia podkreśla potrzebę konsekwentnej woli politycznej i zaangażowania rządu, dostępności odpowiednich zasobów finansowych i ludzkich oraz zaangażowania MNOC, w szczególności Shell Nigeria, działających w regionie bogatych w ropę naftową delt. Potrzebna jest również czujność grup społeczeństwa obywatelskiego, takich jak lokalne i międzynarodowe organizacje pozarządowe, a także odpowiednie zaangażowanie i wsparcie społeczności producentów ropy naftowej. Jeśli chodzi o niezbędne zasoby ludzkie, istnieje potrzeba niezależności, poświęcenia i skuteczności rządowych organów regulacyjnych EA oraz odpowiedniego zaangażowania niezależnych konsultantów EA w proces trwającego programu rekultywacji i przywracania stanu środowiska, mającego na celu poprawę dobrobytu ludzkości w regionie bogatych w ropę naftową Delt. Konsultantami EA są ci, którzy są uznanymi profesjonalistami renomowanych profesjonalnych organizacji IA, jakie IAIA mogłaby wytworzyć dla Nigerii.

Z pewnością, biorąc pod uwagę, że EA jest znaczącym filarem SD, a PI przełomowym filarem EA, w monografii stwierdza się, że interaktywne zaangażowanie bezpośrednio dotkniętej ludności Ogonilandu oraz innych mieszkańców stanu Rivers i regionu Delty Nigru jest niezbędne dla skutecznej lub wydajnej realizacji zaleceń zawartych w sprawozdaniu UNEP na temat EA Ogoniland. W związku z tym argumentuje się, że interaktywne PI bezpośrednio dotkniętej ludności i społeczności jest niezbędne w odniesieniu do bieżących i przyszłych działań na rzecz rozwoju zasobów ropy naftowej,tak aby pomóc w osiągnięciu wspólnych, solidnych i sprawiedliwych procesów decyzyjnych i wykonawczych w zakresie spójności polityki na rzecz rozwoju w bogatym w ropę regionie Delty Nigru. Interaktywne zaangażowanie społeczeństwa przyczyniłoby się do osiągnięcia jakości środowiskowej i sprawiedliwości społecznej w odniesieniu do zrównoważonego rozwoju w bogatych w ropę naftową regionach Delt Nigru i innych obszarach wydobycia ropy naftowej w Nigerii.

Z niniejszej monografii wynika również, że proces OOŚ w Nigerii jest słaby, między innymi ze względu na niedociągnięcia w zakresie ram wdrażania przez rządowe organy regulacyjne. Stwierdza się w niej, że członkowie społeczeństwa bezpośrednio dotknięci procesem OOŚ są słabi, a zatem nie są w stanie egzekwować swoich praw związanych z tym procesem. Uważa, że EA, a w szczególności jej komponent strategicznej oceny oddziaływania na środowisko, a także ogólnie SA, mogą przyczynić się do wypracowania praktycznych rozwiązań powtarzających się problemów społecznych (w tym stanu Rivers i całego społeczeństwa nigeryjskiego). EA doszła do wniosku, że strategiczna ocena oddziaływania na środowisko i ogólna ocena oddziaływania na środowisko są modelami systematycznego wspierania decyzji i/lub wspomagania decyzji, które powinny być wykorzystywane i praktykowane w działaniach na rzecz rozwoju zrównoważonego w Nigerii. W związku z tym monografia zaleca, aby wykorzystanie techniki SEA w trwającym procesie wdrażania raportu UNEP na temat EA Ogonilandu przyspieszyło formalną instytucjonalizację SEA we FRN, jako przełomowego wysiłku w marszu w kierunku SD w federacji. Oprócz procesu opracowywania projektu EA (EIA) w ramach procesu EA, proces strategicznej oceny oddziaływania na środowisko projektuje i wdraża możliwe alternatywy ukierunkowane na rozwój społeczno-gospodarczy w ramach partnerstw publiczno-prywatnych na rzecz rozwoju społeczno-gospodarczego, mające na celu ciągłą poprawę dobrostanu ludzi, bezpieczeństwa życia i ochrony głównych zasobów naturalnych, jak również ogólnej ochrony przyrody.

W monografii stwierdza się, że skuteczne lub wydajne wdrożenie sprawozdania UNEP w sprawie EA Ogoniland powinno być w stanie zapewnić właściwe oczyszczenie i odbudowę środowiska w bogatym w ropę regionie Delty, oprócz rozwoju społeczności i stworzenia alternatywnych źródeł utrzymania dla mieszkańców regionu. Stwierdza się w nim, że w ten sposób należy zapewnić sprawiedliwą ochronę źródeł utrzymania i promować dobrobyt ludności Ogonilandu, jak również ludności innych części stanu Rivers oraz całej bogatej w ropę naftową mniejszości etnicznej regionu Delty Nigru. Biorąc pod uwagę, że w sprawozdaniu UNEP zaleca się ustanowienie organu regulacyjnego ds. ochrony środowiska w Ogonilandzie, pełne wdrożenie tego sprawozdania może doprowadzić do odpowiedniego dostosowania ról i obowiązków niektórych istniejących rządowych organów regulacyjnych ds. ochrony środowiska, takich jak Ministerstwo Środowiska Stanu Rzeki oraz komitety ochrony środowiska samorządów lokalnych w ramach Ogonilandu.

Jak dotąd, podczas gdy HYPREP nadzoruje oczyszczanie i rekultywację terenów i społeczności zamieszkujących zanieczyszczone zasoby ropy naftowej w Ogonilandzie zgodnie ze swoim mandatem udzielonym przez rząd federalny (GF), UNEP nadal potwierdza swoją wolę i zobowiązanie do zaoferowania GF wymaganej wiedzy technicznej w celu wsparcia i zapewnienia odpowiedniego wdrożenia jego sprawozdania dotyczącego EA Ogoniland.

Jest to również stwierdzenie zawarte w monografii, że istnieją nieuregulowane lub niewłaściwie uregulowane, a tym samym niezrównoważone wzorce produkcji i konsumpcji w Państwie Rzeki, które są odpowiedzialne za zwiększoną emisję gazów cieplarnianych niszczących środowisko i zagrażających zdrowiu ludzi oraz innych organizmów żywych. Rząd powinien zająć się tymi niezrównoważonymi wzorcami produkcji i konsumpcji, które świadczą o zagrożeniu i/lub rzeczywistości globalnego ocieplenia i zmian klimatycznych w Państwie-Rzekach. In particular, they should be addressed by government's environmental regulatory organs at all levels of government in Nigeria, based on the provisions of Principle 8 of the Rio Declaration on Environment and Development, 1992, the UN Agenda 21, and the ongoing efforts of UNEP and the entire UN system on unsustainable production and consumption patterns and climate change threatening the whole globe and mankind at large. Rząd i mieszkańcy stanu Rivers, jak również organizacje biznesowe działające na terenie państwa oraz organizacje pozarządowe zajmujące się ochroną środowiska, w szczególności rządowe agencje regulacyjne ds. ochrony środowiska, powinny aktywnie zająć się problemem niezrównoważonej produkcji i konsumpcji, aby zapewnić odpowiedzialne wzorce produkcji i konsumpcji w państwie, a tym samym dostosować się do podyktowanych przez ONZ celów dwunastych SDG i innych międzynarodowych standardów ochrony środowiska, zarządzania i regulacji oraz prawa SD związanego z pojęciem korzystnego środowiska. W ten sposób Rząd Stanu Rzeki, w szczególności rządowe agencje regulacyjne ds. ochrony środowiska, jak również organizacje biznesowe, organizacje pozarządowe zorientowane na ochronę środowiska oraz cała ludność Stanu Rzeki, będą w pierwszej kolejności zwracać uwagę na tematykę środowiska, utrzymując środowisko w stanie czystym i bezpiecznym, jako że zdrowe (tj. czyste i bezpieczne [nieszkodliwe]) środowisko jest prekursorem zdrowego człowieka, a w efekcie zdrowego społeczeństwa. Taka priorytetowa uwaga sprzyjałaby zdrowiu ekonomicznemu, środowiskowemu, zrównoważonemu ekologicznie i społecznie sprawiedliwemu SD w państwie. Ponadto, biorąc pod uwagę fakt, że aspekty ludzkie i ekonomiczne *w stosunku do* działalności produkcyjnej na całym świecie są w różnym stopniu uzależnione od warunków pogodowych, istnieje potrzeba, aby odpowiednie nigeryjskie agencje rządowe i organizacje zawodowe oraz ich pracownicy opracowali odpowiednie środki dostosowawcze w celu przeciwdziałania negatywnym skutkom globalnego ocieplenia i zmian klimatycznych w kraju.

W niniejszej monografii podjęto próbę ustalenia związku między walką mieszkańców stanu Rivers a walką mieszkańców innych stanów i obszarów bogatego w ropę naftową regionu Delty Nigru o egzekwowanie ich prawa do zdrowego środowiska naturalnego, z uwagi na przeważające w tym bogatym w ropę naftową regionie nadużywanie praw środowiskowych i praw człowieka. Z pewnością istnienie zdrowego środowiska, a w konsekwencji zdrowych ludzi (którzy mogą pochwalić się godnością i integralnością wymaganą od ludzkości) oraz zdrowego społeczeństwa można by uznać za istnienie wspólnoty ludzi, takiej jak państwo, którego aspiracjami są osiągnięcie dobrobytu człowieka i ogólnego dobrobytu społeczeństwa, jako zysku dobrego, odpowiedzialnego, wrażliwego i odpowiedzialnego rządu oraz innych wskaźników wysiłków państwa na rzecz rozwoju zrównoważonego. Te wysiłki narodów i krajów świata, w szczególności Nigerii, powinny lub powinny być oparte na śladach, jakie pojawiły się na arenie międzynarodowej *w odniesieniu do* wzorcowych standardów ochrony środowiska, zarządzania i regulacjioraz ogólnoświatowych norm ukierunkowanych na rozwój zrównoważony, zasad, wartości, standardów, praw i praktyk, wcelu zapewnienia odpowiedzialnej zrównoważonej produkcji i konsumpcji, aby osiągnąć zrównoważoną produkcję i produkcję zrównoważoną pod względem gospodarczym i ekologicznym oraz sprawiedliwość społeczną w ogólnym interesie obywateli, całej ludzkości i całego społeczeństwa.

SCP polega na mądrym wykorzystaniu zasobów naturalnych w sposób zapewniający skuteczne i/lub wydajne wykorzystanie, ochronę, zarządzanie i ochronę środowiska naturalnego,przy pomocy strategii zorientowanych na rozwój zrównoważony. Jedną z takich strategii jest wykorzystanie odnawialnych źródeł energii, takich jak energia słoneczna, energia wiatru, energia wodna, energiageotermalna i energia z biomasy, zamiast koncentrowania się na wykorzystaniu nieodnawialnych zasobów energii, takich jak paliwa kopalne (tj. węgiel, ropa naftowa i gaz ziemny). Trwające globalne wysiłki mające na celu osiągnięcie zrównoważonego rozwoju nakazują rządom i całej ludzkości korzystanie z odnawialnych źródeł energii, które powodują mniejsze szkody dla środowiska i zrównoważonego rozwoju.

Ogólnie rzecz biorąc, monografia podkreśla potrzebę realizacji działań na rzecz rozwoju społeczno-gospodarczego z należytym uwzględnieniem odpowiedniej ochrony środowiska i ochrony przyrody, w celuosiągnięcia SD. I odwrotnie, jeśli polityki, plany i programy rozwoju społeczno-gospodarczego ([w tym projekty] - PPP) nie będą wdrażane w sposób, który zapewniłby witalność, różnorodność i produktywność Planety Ziemi, przyszłość ludzkości będzie zagrożona.

Jak dotąd, niniejsza monografia wykazała, że międzynarodowe działania w zakresie zarządzania środowiskiem, ewoluujące od systemu ONZ w trwającej epoce wysiłków na rzecz rozwoju zrównoważonego, wpływają na zarządzanie środowiskiem w państwach członkowskich ONZ. Zasadniczo, w związku z wysiłkami podejmowanymi przez różne podmioty prawa międzynarodowego w zakresie środowiska i rozwoju oraz innych kwestii inicjowanych w systemie ONZ dotyczącym rozwoju zrównoważonego, wyniki w tych kwestiach tworzą międzynarodowe ciało środków i praktyk regulacyjnych dotyczących rozwoju zrównoważonego. W szczególności, opierając się na bieżących wysiłkach suwerennych państw na rzecz osiągnięcia SD w swoich krajach, państwa te budują i/lub konsolidują normy i strategie zorientowane na SD, inicjowane w systemie ONZ, przekształcając je tym samym w międzynarodowy korpus praw i praktyk w zakresie SD. W procesie tym, zorientowane na SD sposoby postępowania i praktyki prawa miękkiego są przekształcane w zorientowane na SD środki, strategie i procesy prawa twardego, a także praktyki, które mają na celu poprawę dobrobytu ludzi, bezpieczeństwa i przetrwania zasobów naturalnych, ekosystemów i całego środowiska globalnego.

Dobre, sprawne i odpowiedzialne zarządzanie operacjami związanymi z wydobyciem ropy naftowej i innych głównych zasobów naturalnych w Nigerii wymaga silnych instytucji rządowych, wtym zjadliwej i dynamicznej władzy ustawodawczej, która wprowadzi w życie realne przepisy dotyczące ochrony środowiska, oraz sprawnych rządowych agencji regulacyjnych, przygotowanych i dobrze wyposażonych do wdrażania istniejących przepisów ustawowych i wykonawczych oraz systemowych, zorientowanych na rozwój zrównoważony, środowiskowych i społecznych partnerstw publiczno-prywatnych,uzupełnionych dobrowolnymi działaniami biznesowymi, które przekształcą obowiązujący system "kurateli zasobów" w rządy "błogosławieństwa zasobów". W związku z tym nie można przecenić faktu, że dobre zarządzanie (GG) i SD są ze sobą powiązane. Ponadto to przede wszystkim rządy są odpowiedzialne za rozwój swoich krajów i osiągnięcie w nich SD; jako taki przypadek Nigerii nie jest wyjątkiem. Ponadto, biorąc pod uwagę fakt, że w ostatecznym rozrachunku SD musi opierać się na woli politycznej, uzbrojenie i szczeble rządowe w Nigerii oraz ich odpowiednie organy i agencje powinny być bardziej sprawne i żywe, aby przyczynić się do wzmocnienia powstających na świecie mechanizmów zarządzania środowiskiem oraz innych powstających międzynarodowych standardów i praktyk ukierunkowanych na SD. Istnieje potrzeba, aby rządy w Nigerii uczyniły to, aby promować postępującą tendencję w zakresie zarządzania środowiskiem oraz inne normy i praktyki zorientowane na rozwój zrównoważony. Tradycyjne organy i szczeble władzy w Nigerii powinny skutecznie pilotować sprawy tego kraju poprzez konsekwentną rewizję i przegląd istniejących partnerstw publiczno-prywatnych, jak również obowiązujących w tym kraju przepisów ustawowych i wykonawczych,aby uczynić je adekwatnymi i/lub skutecznymi; a także, gdy zajdzie potrzeba zaprojektowania nowych, rentownych i złośliwych partnerstw publiczno-prywatnych, uchwalenia nowych przepisów i wprowadzenia nowych regulacji, jak również regularnego egzekwowania tych partnerstw publiczno-prywatnych, przepisów ustawowych i wykonawczych, w celu stopniowego zachęcania do stosowania praktyk ukierunkowanych na rozwój zrównoważony. Tradycyjne organy i szczeble władzy w Nigerii oraz ich odpowiednie instytucje, parapaństwowcy i agencje są rzeczywiście zobowiązane do zapewnienia, aby polityka wewnętrzna, polityka i praktyki stosowane w Nigerii były zgodne z międzynarodowymi przepisami i praktykami, azwłaszcza z pojawiającymi się międzynarodowymi przepisami dotyczącymi ochrony środowiska i innymi przepisami, regułami, zasadami, standardami i praktykami zorientowanymi na rozwój zrównoważony, mającymi na celu dobrobyt obywateli i wszystkich innych ludzi, skuteczne działania w zakresie rozwoju ropy naftowej i innych głównych zasobów naturalnych oraz skuteczną ochronę różnorodności biologicznej, ekosystemów i całej przyrody w kraju. Takie działanie przyczyniłoby się do dynamicznego zwiększenia ochrony środowiska, poprawy dobrobytu ludzi i promowania ochrony przyrody, w szczególności ochrony zasobów naturalnych, w oparciu o reagujące i odpowiedzialne działania na rzecz rozwoju ropy naftowej i innych głównych zasobów naturalnych w kraju; zgodnie z nowymi światowymi standardami i praktykami, nad którymi pieczę sprawuje ONZ, oraz zgodnie z tymi standardami i praktykami.

WYBRANE REFERENCJE

Książki

Abaza H., Bisset R. i B. Saddler, Environmental *Impact Assessment and Strategic Environmental Assessment: Towards Integrated Approach*, Nairobi, UNEP, 2004.

Ahmed, K. i Sanchez-Triana, E. (red.), *Strategic Environmental Assessment for Policies: An Instrument for Good Governance*, Washington DC, The World Bank, 2008.

Aina E. O. A. i Adedipe N. O., *The Petroleum Industry and the Environmental Impact in Nigeria*, Abuja, Federalna Agencja Ochrony Środowiska (FEPA), 1996.

Alagoa E. J. (red), *The Land and People of Bayelsa State: Delta Środkowego Nigru*, Port Harcourt, Onyoma Research, 1999, str.2.

Alagoa E. J., Nyananyo B. L. i Allison A. A. (red.), *History Concourse 2011: The Niger Delta Environment as Resource and Reserve*, Port Harcourt, Onyoma Research, 2012, s. 21, 25, 88-96, 223-225, 241-242, 276-277 i 290.

Alam S., Atapattu S., Gonzalez C. G. i Razzaque J., (red.), *International Environmental Law and the Global South*, Cambridge, Cambridge University Press, 2016.

Andre P., Delisle C. E., i Reveret J., *Environmental Assessment for Sustainable Development: Processes, Actions and Practice*, Quebec, Press Internationales Polytechnique, 2004, str. 30.

Archer D., *Global Warming: Understanding the Forecast*, John Wiley & Sons, Hoboken, 2012.

Ascher W. i Healy R. G., *Natural Resources Policymaking in Developing Countries: Environment, Economic Growth, and Income Distribution*, Durham, Duke University Press, 1990.

Ascher W., *Why Governments Waste Natural Resources: Policy Failures in Developing Countries*, Baltimore, John Hopkins University Press, 1999.

Asimakopoulos D. N., Assimakopoulos V. D., Chrisomallidou, N., Klitsikas N., Mangold D., Michel P., Santamouris M. i Tsangrassoulis T., *Energy and Climate in the Urban Built Environment*, Abingdon, Routledge, 2011.

Atkisson A., Stucker D. i Wener L., *EC-Assess: The Earth Charter Ethics-Based Assessment Tool, An Open Tool for Evaluating Sustainability of Organizations, Projects, Initiatives, and Individuals*, San Jose, Earth Charter International (ECI), 2008.

Atsegbua L., Akpotaire V. i Dimowo F. (red.), *Prawo ochrony środowiska w Nigerii: Theory and Practice*, Benin City, Ambik Press, 2010, s. 4, 86-87 i 286-288.

Azaike S., *Inequities in Nigerian Politics*, Yenagoa, Treasure Communications Resource, 2003, zwłaszcza s. 185-201.

Bannon I. i Collier P. (red.), *Natural Resources and Violent Conflict: Options and Actions*, Washington DC, The World Bank, 2003.

Barbier, E. B., *Natural Resources and Development*, Cambridge, Cambridge University Press, 2007, s. 344-372.

Barrera-Hernandez L., Barton B., Godden L., Lucas A. i Ronne A. (red.), *Sharing the Costs and Benefits of Energy and Resources Activity: Legal Change and Impact on Communities*, Oxford, Oxford University Press, 2016.

Bell S. i Morse S., *Wskaźniki Zrównoważonego Rozwoju: Pomiaru Niezmierzalnego?* Londyn, Earthscan, 2008.

Bell S., McGillivray D. i Pedersen O. W., *Environmental Law,* Oxford, Oxford University Press, 2008, s. 453 i 493-495.

Benebo N. S., *Odpowiednie mechanizmy ochrony środowiska i zrównoważonego rozwoju w Nigerii: An Advocate's Viewpoint*, Abuja, Petra Digital Press, 2014.

Benidickson J., Boer B., Benjamin A. H. i Morrow K. (red.), *Environmental Law and Sustainability After Rio (The IUCN Academy of Environmental Law Series)*, Cheltenham, Edward Elgar, 2011.

Blumberg R. L. i Cohn S. (red.), *Development in Crisis: Threats to Human Well-being in the Global South and Global North*, Abingdon, Routledge, 2016.

Boyden A., Carroll A., Carroll B., Thomas R., Turpin T., *podręcznik oceny oddziaływania na środowisko: A Practical Guide for Planners, Developers and Communities*, London, The Institution of Civil Engineers (ICE) Publishing, 2009.

Boyle G., Everett B., i Ramage J. (red.), *Energy Systems and Sustainability: Power for a Sustainable Future*, Oxford, Oxford University Press, 2003.

Breton A. i Scott A., *The Design of Federations*, Montreal, The Institute for Research on Public Policy, 1980.

Briggs E. (red), *Sustainable Consumption and Production: A Handbook for Policymakers*, Nairobi, UNEP, 2015.

Briggs N., Ndimele O. i Apka J. (red.), *Reports and Recommendations of the Rivers State Economic Advisory Council (RSEAC) (2007-2014)*, Port Harcourt, Onyoma Research, 2014, s. 45-47, 87-90, i 107-113.

Bristol-Alagbariya E. T., *Governance Towards Sustainable Development in Nigeria: The Role of Strategic Assessment of Decisions & Actions,* Dundee, Centre for Energy Petroleum & Mineral Law & Policy (CEPMLP)/Dundee University Press (DUP), 2013, s. xlv, 4-8, 21, 25, 27, 57-62, 71, 88-96, 93-94, 223-224, 241-242, 265, 267-268, 276-280, 284-285 i 290.

Bristol-Alagbariya E. T., *udział w rozwoju sektora naftowego: Towards Sustainable Community Development in the Niger Delta*, Dundee, CEPMLP/DUP, 2010, s. 17, 23, 26-27, 34-36, 84, 95-96, 131, 137-139, 155, 158, 168, 171-195, 221, 318 i 330.

Brooke J. L., *Climate Change and the Course of Global History: A Rough Journey (Studies in Environment and History)*, Cambridge, Cambridge University Press, 2014.

Burgess M., *federalizm porównawczy: Teoria i praktyka*, Oxon, Routledge, 2006.

Cameron P. D. i Stanley M. C., *Oil, Gas, and Mining: A Sourcebook for Understanding the Extractive Industries*, Washington DC, International Bank for Reconstruction and Development (IBRD)/Bank Światowy, 2017.

Caratti P., Dalkmann H. i Jiliberto R., *Analysing Strategic Environmental Assessment: Towards Better Decision-making*, Cheltenham, Edward Elgar, 2004.

Carroll B. i Turpin T., *podręcznik oceny oddziaływania na środowisko: A Practical Guide to Planners, Developers and Communities*, London, Thomas Telford, 2009.

Cooper S., *Corporate Social Performance: A Stakeholder Approach*, Aldershot, Ashgate, 2004.

Charlton A. i McCabe M., *Environmental Impact Assessment Training Resource Manual: Overhead Transparency Masters*, Geneva, The Economic and Trade Branch, Division of Technology, Industry and Economics (DTIE), UNEP, 2002.

Crawford J., *Brownlie's Principles of Public International Law*, Oxford, Oxford University Press, 2008, s. 331-365.

Dalal-Clayton B. i Sadler B., *Strategic Environmental Assessment: A Sourcebook and Reference Guide to International Experience*, London, Earthscan, 2005.

Dalal-Clayton B. i Bass S., *Strategie Zrównoważonego Rozwoju: A Resource Book*, Londyn, Earthscan, 2007.

Dale A. i Onyx J., *A Dynamic Balance: Social Capital and Sustainable Community Development*, Vancouver, University of British Columbia (UBC) Press, 2005.

Dargie C., (ed), *The Physical Environment: A Review of Trends in the Natural and Built Environment*, Policy Futures for UK Health Project, London, Nuffield Trust, 1999.

Dasgupta P., *Human Well-Being and the Natural Environment*, Oxford, Oxford University Press, 2004.

Delina L. L., *Accelerating Sustainable Energy Transition(s) in Developing Countries: The Challenges of Climate Change and Sustainable Development (Routledge Studies in Energy Transitions)*, Abingdon, Routledge, 2018.

Department of Petroleum Resources (DPR), *Environmental Guidelines and Standards for the Petroleum Industry in Nigeria (EGASPIN)*, Lagos, DPR, 2002.

Douglas O. i Okonta I., *Where Vultures Feast: Shell, Human Rights, and Oil in the Niger Delta*, New York, Sierra Club, 2001.

Dryzek J. S., *Polityka Ziemi: Dyskursy Ekologiczne*, Oxford, Oxford University Press, 2005.

Ekpo U., *The Niger Delta and Oil Politics*, Lagos, International Energy Communications, 2004.

Elaigwu J. I., *The Politics of Federalism in Nigeria*, London, Adonis & Abbey, 2007.

Elling B., *Racjonalność i Środowisko: Decision-making in Environmental Politics and Assessment*, London, Earthscan, 2010.

Emiri F. i Deinduomo G. (red.), *Law and the Petroleum Industry in Nigeria: Aktualne wyzwania: Essay in Honour of Justice Kate Abiri*, Lagos, Malthouse Press, 2009, s. 115 -132 i 243-274.

Etekpe A., Ayotamuno Y. M., Nwala U. E., Kariboro J. i Jumbo M. C., *Harold Dappa-Biriye: His Contributions to Politics in Nigeria*, Port Harcourt, Onyoma Research, 2003.

Etikerentse G., *Nigerian Petroleum Law*, Dredew Publishers, 2014, s. 8.

Eresia-Eke K., Okonedu T. i Agbayi E., *Facts and Figures on NLNG 2016*, Port Harcourt, NLNG, 2016, s. 31 i 38.

Fischer T. B., *Theory and Practice of Strategic Environmental Assessment: Towards a More Systematic Approach*, London, Earthscan, 2007.

Friedrich J., *International Environmental "Soft Law": The Functions and Limits of Nonbinding Instruments in International Environmental Governance and Law*, Heidelberg, Springer, 2013.

Frynas J. G., *Ropa w Nigerii: Conflict and Litigation between Oil Companies and Village Communities*, Piscataway, Transaction, 1993.

Frynas J. G. and Pegg S., *Transnational Corporations and Human Rights, Basingstoke*, Palgrave Macmillan, 2003.

Frynas J. G., *Beyond Corporate Social Responsibility: Oil Multinationals and Social Challenges, Cambridge*, Cambridge University Press, 2010.

Gallas A., Herr H., Hoffer F. i Scherrer C., *Combating Inequality The Global North and South, Abingdon*, Routledge, 2016.

Gamman J. K., *Pokonywanie przeszkód w tworzeniu polityki ochrony środowiska: Creating Partnership through Mediation*, Albany, State University of New York Press, 1994.

Gilpin A., *Environmental Impact Assessment (EIA): Cutting Edge for the Twenty-First Century*, Cambridge, Cambridge University Press, 1995, str.1 i 4-5.

Gilpin A., *Dictionary of Environmental Law*, Cheltenham, Edward Elgar, 2000, s. 5, 92-93, 96-97 i 103-119.

Girardet H., *Schumacher Briefings 2: Creating Sustainable Cities*, Foxhole, Green, 2008.

Glasson J., Therivel R. i Chadwick A (red.), *Introduction to Environmental Impact Assessment (The Natural and Built Environment Series)*, Londyn, Routledge, 2005.

Glazewski J., *Prawo ochrony środowiska w Republice Południowej Afryki*, Durban, LexisNexis Butterworths, 2005.

Gore A., *An Inconvenient Truth: The Planetary Emergency of Global Warming and What We Can Do about it*, Rodale, New York, 2006.

Hannesson R., *Investing for Sustainability: The Management of Mineral Wealth*, Norwell, Kluwer, 2001.

Hill C., *An Introduction to Sustainable Resource Use*, Abingdon, Routledge, 2011, s.2.

Howes M., *Polityka i Środowisko: Risk and the Role of Government and Industry*, London, Earthscan, 2005.

Ikein A. A., *The Impact of Oil on a Developing Country: The Case of Nigeria*, New York, Praeger, 1990.

Ikein A. A. i Briggs-Anigboh C., *Federalizm naftowy i fiskalny w Nigerii: The Political Economy of Resource Allocation in a Developing Country*, Vermont, Ashgate, 1998.

Ikoni U. Ikoni D., *An Introduction to Nigerian Environmental Law*, Lagos, Malthouse Press, 2010.

Jaccard M., *Sustainable Fossil Fuels: The Unusual Suspect in the Quest for Clean and Enduring Energy*, Cambridge, Cambridge University Press, 2006.

Jackson T., Dobrobyt *bez wzrostu? The Transition to a Sustainable Economy*, London, Sustainable Development Commission, 2009.

Jackson T., Dobrobyt *bez wzrostu: Economics for a Finite Planet*, Abingdon, Oxon, Earthscan, 2011.

Jackson T., Dobrobyt *bez wzrostu: Fundations for the Economy of Tomorrow*, London, Routledge, 2016.

Jones G. i Scotford E. (red.), *The Strategic Environmental Assessment Directive: Plan Sukcesu?* , Oxford, Hart Publishing, 2017.

Kingston, K. G., *ustawy o ropie i gazie: A Guide for International Practitioners*, Saarbrücken, Lambert Academic Publishing, 2017.

Kirchner R. A., Przybylski R. K. i Cardella R. A., *Assessing the Effectiveness of Criminal Justice Programmes (Assessment and Evaluation Handbook Series No.1)*, Washington DC, Justice Research and Statistics Association/US Department of Justice, Office of Justice Programs, 1994.

Korten D.C., *When Corporations Rule the World*, California, Berett-Koehler, 2001.

Ladan M. T., *Natural Resources and Environmental Law and Policies for Sustainable Development in Nigeria*, Zaria, Ahmadu Bello University Press, 2014.

Ladan M. T., *Sustainable Development Goals, Climate Change and Extractive Resource Management in Africa*, Zaria, Ahmadu Bello University Press, 2017, zwłaszcza s. 473-475.

Lawrence D. P., *Ocena oddziaływania na środowisko: Practical Solutions to Recurrent Problems*, Hoboken, John Wiley & Sons, 2003.

Luber G. i Lemery J. (red.), *Global Climate Change and Human Health: From Science to Practice*, Jossey-Bass, San Francisco, 2015.

MacDonnell J. L. i Bates S. F. (red.), *Natural Resources Policy and Law, Trends and Directions*, Washington DC, Island Press, 1993.

Manby B., *The Price of Oil: Corporate Responsibility and Human Rights Violations in Nigeria's Oil Producing Communities*, Human Rights Watch, New York, 1999, zwłaszcza str. 112-141, 160-164.

Matera M., Bastian L. i Kent S. K, *The Women's War of 1929: Gender and Violence in Colonial Nigeria*, Hampshire, Palgrave Macmillan, 2012.

McCabe M. i Sadler B., Environmental *Impact Assessment Training Resource Manual*, Geneva, The Economic and Trade Branch, DTIE, UNEP, 2002, str. 145-146, 307 i 557.

McCabe M. i Sadler B. (red.), *Studies of EIA Practice in Developing Countries: A Supplement to the UNEP Training Resource Manual*, Geneva, The Economic and Trade Branch, DTIE, UNEP, 2002, str. 63-74.

Morrison-Saunders A. i Arts J., *Assessing Impact: Handbook of EIA and SEA Follow-up*, London, Earthscan, 2006.

Munn R. E., *Ocena oddziaływania na środowisko: Zasady i procedury*, Nowy Jork, Wiley, 1979.

Ogan C., *Alfred Diete-Spiff: A Legacy of Development in the Niger Delta*, Port Harcourt, Onyoma Research, 2912, str. 234-235.

Oke Y., *Nigeryjska ustawa o energii i zasobach naturalnych - uwagi i materiały*, Lagos, Preston & Associates, s. 5 i 255-286.

Okogbule N. S., *Globalisation and Human Rights in Africa*, Lagos, Sibon Books, 2012, s. 116, 135, 198, 216-249.

Olali S. T. (ed), *Before and Beyond the Revolution: Eseje majora Isaaca Jaspera Adaka Boro 10 września 1938 r. - 16 maja 1968 r.*, Port Harcourt, Towarzystwo Historyczne Nigerii/Urzędujący główny historyk i archiwista stanu Bayelsa, Nigeria, 2013, s. 105-118.

Olali S. T. (ed), *Life and Legacies: Biographical Essays in memory of Chief (Dr.) Harold Jeneibiwari Dappa-Biriye CON; LLD; FHSN; JP (1920-2005)*,

Benin City, The Bayelsa State Government through the Office of the Chief Historian and Archivist of Bayelsa State, 2016.

Olawuyi D. S., *The Principles of Nigerian Environmental Law*, Ado Ekiti, Afe Babalola University Press, 2015, zwłaszcza s. 56.

Omeje K., *Wysokie stawki i udziałowcy: Oil Conflict and Security in Nigeria*, Aldershot, Ashgate, 2006.

Omeje K., *Gospodarki wydobywcze i konflikty na globalnym południu: Multi-Regional Perspectives on Rentier Politics*, Aldershot, Ashgate, 2008.

Omorogbe Y., *Oil and Gas Law in Nigeria*, Lagos, Malthouse Press, 2001, str. 16-17 i 167.

Onuoha A., *Od konfliktu do współpracy: Building Peace in Nigeria's Oil-Producing Communities*, London, Adonis & Abbey, 2005.

Oshita O. O., *Conflict Management w Nigerii: Issues and Challenges*, London, Adonis & Abbey, 2007.

Osondu A.C., *Our Common Environments: Understanding the Environment, Law and Policy*, Yaba-Lagos, University of Lagos Press, str.1-2.

Otite O. i Albert I. O., *Community Conflicts in Nigeria: Management, Resolution & Transformation, Ibadan*, Spectrum, 1999.

Ottinger R., Bradbrook A. J., Kurukulasuriya I., Rabago K. R. i Radka M. (red.), *UNEP Guide for Energy Efficiency and Renewable Energy Laws*, Nairobi, UNEP, 2016.

Panden P. E., *Rivers State at 46: A Compendium 1967-2013*, Jos, Fab Anieh, 2013, str. 215-217.

Partidario M. R., *Strategic Environmental Assessment Better Practice Guide - Methodological Guidance for Strategic Thinking in SEA*, Lisbon, Portuguese Environment Agency and Redes Energéticas Nacionais (REN), 2012.

Prescott-Allen R., *The Wellbeing of Nations: a Country-by-Country Index of Quality of Life and the Environment*, Washington DC, Island Press, 2001.

Rau J. G. i Wooten D. C., *Environmental Impact Analysis Handbook*, New York, Mcgraw-Hill, 1980.

Richardson B. J. i Wood S. (red.), *Prawo ochrony środowiska na rzecz zrównoważonego rozwoju: A Reader (Osgoode Readers)*, Oxford, Hart Publishing, 2006.

Romm J., *Zmiany Klimatu: What Everyone Needs to Know,* Oxford, Oxford University Press, 2016.

Rowell A., Marriott J. i Stockman L., *The Next Gulf: London, Washington and Oil Conflict in Nigeria*, London, Constable & Robinson, 2005.

Sachs J. F., *The Age of Sustainable Development*, New York, University of Columbia Press, 2015.

Sadler B., Aschemann R., Dusik T., Fischer T., Partidario M. i Verheem R. (red.), *Handbook of Strategic Environmental Assessment*, London, Earthscan, 2011.

Santamouris M. (red), *Energy and Climate in the Urban Built Environment*, Abingdon, Routledge, 2011.

Schrijver N., *Suwerenność nad zasobami naturalnymi: Balancing Rights and Duties*, Cambridge, Cambridge University Press, 1997, str. 390-395.

Schrijver N., *Development without Destruction: The UN and Global Resource Management*, Bloomington, Indiana University Press, 2010.

Schwartz P., *Sustainable Development and Mining in Sierra Leone*, Belvedere Kent, Pneuma Springs, 2006.

Sengar D. S., *Prawo Ochrony Środowiska*, New Delhi, PHI Learning, 2012.

Seta F., Biswas A., Khare A. i Sen J. (red.), *Understanding Built Environment: Proceedings of the National Conference on Sustainable Built Environment 2015*, Singapur, Springer, 2017.

Sidaway R. S., *Rozwiązywanie sporów środowiskowych: From Conflict to Consensus*, London, Earthscan, 2005.

Smil V., *Energia i cywilizacja*. A History, Cambridge, The Massachusetts Institute of Technology (MIT) Press, 2017.

Southern Minorities Movement (SMM), *An Appraisal of the Nigerian Crisis and Solution*, Port Harcourt, SMM, 1995.

SMM, *The Struggle and the Future*, Port Harcourt, SMM, 1995.

Suberu R. T., *Ethnic Minority Conflicts and Governance in Nigeria*, Ibadan, Spectrum, 2003.

Suberu R. T., *Federalism and Ethnic Conflict in Nigeria*, Washington DC, United States Institute of Peace, 2001.

Swilling M. i Annecke E., *Just Transitions: Explorations of Sustainability in an Unfair World*, Tokyo, UN University, 2012.

Tamuno T. N, *Oil Wars in the Niger Delta 1849-2009*, Ibadan, Stirling-Horden Publishers, 2011.

Tarr P., Environmental *Impact Assessment in Southern Africa*, Southern African Institute for Environmental Assessment (SAIEA), 2003, s. 6-7.

Therivel, R., *Strategic Environmental Assessment in Action*, London, Earthscan, 2010.

Therivel, R. and Partidario, M. R., *The Practice of Strategic Environmental Assessment*, London, Earthscan, 1996.

Therivel, R., Wilson, E., Thompson, S., Heaney, D. i Pritchard, D., *Strategic Environmental Assessment*, London, Earthscan, 1999.

Thompson W. R. i Reuveny R., *Ograniczenia globalizacji: North-South Divergence (Rethinking Globalizations)*, Abingdon, Routledge, 2010.

Międzynarodowa Unia Ochrony Przyrody (tj. IUCN, Światowa Unia Ochrony Przyrody), Program Ochrony Środowiska Narodów Zjednoczonych (UNEP) i Światowy Fundusz na rzecz Przyrody (WWF), *Światowa Strategia Ochrony Przyrody: Living Resources Conservation for Sustainable Development*, Gland, IUCN, 1980.

IUCN, UNEP i WWF, Troska o *Ziemię: A Strategy for Sustainable Living*, Gland, IUCN, 1991.

Usman A. K., *Environmental Protection Law and Practice*, Ibadan, Abeba Press, 2012.

Usman A. K., *Environmental Protection Law and Practice*, Lagos, Malthouse Press, 2017.

Europejska Komisja Gospodarcza ONZ (EKG ONZ), *Ochrona naszego środowiska: How environmental impact assessment can help*, New York, UNECE, 1998, s.1.

Program Środowiskowy Narodów Zjednoczonych (UNEP), *Zdrowe Środowisko, Zdrowi Ludzie*, Nairobi: UNEP, 2016.

Wals A. E. J., *Social Learning Towards a Sustainable World: Principles, Perspective and Praxis*, Holandia, Wageningen Academic Publishers, 2009.

Wilson E. O., *The Future of Life*, New York, Vintage Books, 2003.

Wolf S. i Stanley N., *Wolf and Stanley on Environmental Law*, Abingdon, Routledge, 2014, s. 496-497 i 523-524.

Drewno C., *Ocena oddziaływania na środowisko: A Comparative Review*, Harlow, Pearson Education, 2003.

Bank Światowy, *Oil Windfalls: Błogosławieństwo czy przekleństwo?* , Nowy Jork, Oxford University Press, 1998.

Bank Światowy, *World Development Indicators 2016*, Washington DC, Międzynarodowy Bank Odbudowy i Rozwoju (IBRD)/Bank Światowy, 2016.

The World Commission on Environment and Development (WCED), *Our Common Future*, Oxford, Oxford University Press, 1987, s. x-23, 9, 40, 43 i 308-343.

Zillman D. N., Lucas, A. R. i Pring G. (R.) (red.), *Human Rights in Natural Resources Development: Public Participation in Sustainable Development of Mining and Energy Resources*, Oxford, International Bar Association (IBA)/Oxford University Press, 2002, s. 552-553.

Artykuły, monografie, sprawozdania i inne publikacje

Asimiea A. i Omokhua G., "Environmental Impact of Illegal Refineries on the Vegetation of the Niger Delta, Nigeria", Journal of Agriculture and Social Research, 13 (2), 2013, s. 121-126.

Bristol-Alagbariya, E. T., "Ongoing Reform of the Nigerian Petroleum Industry: The Case of the Oil Producing Communities and Positive Transformation of Nigeria", Environmental and Planning Law Review (EPLR), 13 (1-2), 2016 (a), s. 1215-1245, zwłaszcza s. 1227-1228.

Bristol-Alagbariya, E. T., "Environmental Assessment Law towards Sustainable Development in Nigeria and the New Partnership for Africa's Development Action Plan for the Environment Initiative", Environmental and Planning Law Review (EPLR), 13 (1-2), 2016 (b), s. 1291-1317.

Bristol-Alagbariya, E. T., "Compulsory Relocation of Finima Community for the Nigeria LNG Project and the International Regime on Involuntary Resettlement", UNIPORT Journal of Public Law, 2 stycznia 2017 r., s. 375-411.

Dalal R. C. i Allen D. E., "Greenhouse Gas Fluxes from Natural Ecosystems", Australian Journal of Botany, 56 (5), lipiec 2008, s. 369-407.

Ebeku K. S. A., "Constitutional Right to a Healthy Environment and Human Rights Approaches to Environmental Protection in Nigeria: Gbemre v. Shell Revisited", Review of European Community and International Environmental Law (RECIEL), 16 (3), 2007, s. 312-320.

Ekekwe E., Okodudu S. i Ukiwo U., "Development Challenges in the Niger Delta: Proceedings of a Round Table on the Report of the Technical Committee on the Niger Delta", Institute of Petroleum Studies (IPS) Monograph 7, Port Harcourt, Emerald Energy Centre for Petroleum Economics, Policy & Strategic Studies, 2010.

Ekweozor I. K. E., "Ocena industrializacji i zanieczyszczenia środowiska": A Marine Biology Perspective", będący wykładem inauguracyjnym Państwowej Wyższej Szkoły Nauk i Technologii Rzeki (RSUST), Port Harcourt, RSUST Inaugural Lecture Series No. 29, 2014, 2014, s. 4-5.

Ekwuluo M., "Solid Minerals Survey of Rivers State": A Report Submitted by the Rivers State Government to the World Bank Project on Sustainable Solid Minerals Development in Nigeria', Port Harcourt, Director, Solid Minerals Department, Rivers State Ministry of Energy and Natural Resources, March 2005.

Fubara D. M. J. (red), "The Endangered Environment of the Niger Delta: An NGO Memorandum of the Rivers Chiefs and Peoples' Conference", Port Harcourt, Nigeria, for the World Conference of Indigenous Peoples on Environment and Development oraz The United Nations Conference on Environment and Development, Rio de Janeiro, Brazylia, 1992.

Kadafa A. A., "Oil Exploration and Spillage in the Niger Delta of Nigeria", Civil and Environmental Research, 2 (3), 2012, s. 38-51.

Lapin-Reform, "Legislative Action Plan on Petroleum Industry Reform: National Stakeholders' Summit Report", będąca broszurą z National Stakeholders' Workshop on Legislative Framework for Petroleum Industry Reform in Nigeria, która odbyła się w Sheraton Hotel and Towers, Abuja, 2016, s. 52-54.

Nduka J. K. C. i Orisakwe O. E., "Precipitation Chemistry and Occurrence of Acid Rain over the Oil-Producing Niger Delta Region of Nigeria", The Scientific World Journal, 10 (2010), s. 528-534.

Okonkwo T., "Konstytucjonalizm środowiskowy w Nigerii: Are We There Yet?", The Nigerian Juridical Review, 13, 2015, s. 175-216, zwłaszcza s. 175-216 i 216.

Okonkwo T., "Special Edition on the Niger Delta", Environmental and Planning Law, 5 (3), 2008, s. 1-175.

Onwuka E. C., "Oil Extraction, Environmental Degradation and Poverty in the Niger Delta Region of Nigeria", International Journal of Environmental Studies, 62 (6), grudzień 2005, str. 655-662.

Papyrakis E. i Gerlagh R., "The Resource Curse Hypothesis and its Transmission Channels", Journal of Comparative Economics, 2004, 32 (1), s. 181-193.

Publikacja zatytułowana "Just and Equitable Revenue Allocation Formula for Enthroning Peace and Sustainable Development in Nigeria (The Niger Delta Perspective)", będąca prezentacją rządu i ludności stanu Rivers, w ramach krajowych warsztatów na temat przeglądu formuły podziału dochodów na rzecz zmian konstytucyjnych, zorganizowanych przez Senacką Komisję Administracji Stanu i Samorządu Lokalnego, Abudża, 6-8 maja 2008 r.

Publikacja Europejskiej Komisji Gospodarczej ONZ (EKG ONZ) zatytułowana "Ochrona naszego środowiska: How environmental impact assessment can help", Nowy Jork, EKG ONZ, 1998, s.1.

Serekara-Nwikhana S., 'Black Soot': RSG Seeks Stakeholders", The Tide, Rivers State Newspaper Corporation, Wednesday, December 13, 2017, p. 6.

Smyth E., Adams K. i De Keyser E, "Compendium IAIA Special Symposium Resettlement and Livelihoods", Manila, Filipiny, 20-22 lutego 2017 r., Międzynarodowe Stowarzyszenie na rzecz Oceny Skutków (IAIA), Fargo, kwiecień 2017 r.

Stevens P. J., "Resource Curse" and How to Avoid It", The Journal of Energy and Development, 31(1), 2006.

UK Department for Environment, Food & Rural Affairs (DEFRA), Our Common Future: APerspective of the United Kingdom on the Report of the World Commission on Environment and Development, London, DEFRA, 1988, s. 7.

Program Narodów Zjednoczonych ds. Środowiska (UNEP), Environmental Assessment of Ogoniland, Nairobi, UNEP, 2011, s. 1-17 i 205-231, w szczególności s. 8-17 i 222-231.

The Willink Commission, NIGERIA Report of the Commission Appointed to Enquire into The Fears of Minorities and The Means of Allaying Them, London, Her Majesty's Stationery Office (HMSO), Port Harcourt, Southern Minorities Movement (SMM), 1958, s. 51-52.

Strony internetowe i inne źródła internetowe

Publikacja autorstwa K. Adeoye, "Solid Minerals in Nigeria: An Overview (1)", z dnia 02 marca 2016 r., The Guardian Online News, dostępna na stronie https://guardian.ng/energy/solid-minerals-in-nigeria-an-overview-1/ 12 sierpnia 2017 r.

Publikacja autorstwa K. Adeoye, "Solid Minerals in Nigeria: An Overview 2", datowana na 09 marca 2016, The Guardian Online News, dostępna na stronie https://guardian.ng/energy/solid-minerals-in-nigeria-an-overview-2/ 12 sierpnia 2017 roku.

A. C. Anuforom, "Meteorologia, zmiany klimatyczne i gospodarka nigeryjska", będąca wykładem indukcyjnym Nigeryjskiej Akademii Nauk (NAS) w 2013 r., dostępnym na stronie http://www.nimet.gov.ng/lecture/nas/meteorology-climate-change-and-nigerian-economy 7 lutego 2018 r.

Kolejny obszar strony głównej brytyjskiego Urzędu Statystyk Krajowych, zatytułowany "National Statistics", z podtytułem "Sustainable Development Indicators (SDI)", dostępny na stronie https://www.gov.uk/government/statistics /sustainable-development-indicators-sdis dostępny w dniu 18 września 2017 r.

Obszar strony głównej Belema Producing Limited (BOPL), z napisem "O nas", znajdujący się na stronie http://belemaoil.com/about, dostępny od 21 września 2017 roku.

Obszar strony głównej Moni Pulo Limited (MPL), z napisem "Spółka", z podtytułem "Moni Pulo Timelines", znajdujący się na stronie http://www.monipulo.com/company.html, dostępny od 21 września 2017 r.

Obszar strony głównej zasobów naturalnych Kanady, zatytułowany "Whitehorse Mining Initiative", znajduje się na stronie http://www.nrcan.gc.ca/mining-materials/policy/government-canada/8698. Dostęp uzyskano dnia 26 sierpnia 2017 r.

Obszar strony głównej IUCN, zatytułowany "IUCN - A Brief History", znajduje się na stronie https://www.iucn.org/about/iucn-brief-history i jest dostępny od 31 stycznia 2018 roku.

Obszar strony głównej NNPC, zatytułowany "NNPC Business", z podtytułem "Upstream Ventures", znajduje się na stronie http://nnpcgroup.com/NNPC Business/UpstreamVentures.aspx dostępnej w dniu 21 listopada 2017 r.

Obszar strony głównej Platformy Wiedzy o Zrównoważonym Rozwoju, Departament Spraw Gospodarczych i Społecznych ONZ (UNDESA), z napisem "Stakeholder Engagement", dostępny na stronie https://sustainabledevelopment.un. org/mgos 26 sierpnia 2017 r.

Obszar strony głównej Platformy Wiedzy o Zrównoważonym Rozwoju, na stronie UNDESA, zatytułowany "Agenda 21, UNCED 1992", dostępny na stronie https://sustainabledevelopment.un.org/outcomedocuments/agenda21, dostępny od 17 września 2017 r.

Obszar strony głównej Banku Światowego zatytułowany "Global Gas Flaring Reduction Partnership (GGFR)", z podtytułem "Overview", dostępny na stronie http://www.worldbank.org/en/programs/gasflaringreduction w dniu 30 września 2017 r.

Obszar strony głównej UNEP, a w szczególności jego oddziału gospodarczego i handlowego, Wydziału Technologii, Przemysłu i Ekonomii (DTIE), z napisem "Sustainable Consumption and Production Branch", znajduje się na stronie internetowej http://www.unep.fr/scp/, dostępnej w dniu 02 sierpnia 2017 r.

Obszar strony internetowej University of Cambridge, zatytułowany "Decision Support Tools", z podtytułem "Strategic Assessment Model", znajdujący się na stronie https://www.ifm.eng.cam.ac.uk/research/dstools/strategic-assessment-model/, oceniany 20 lutego 2018 r.

Obszar strony głównej NNPC zatytułowany "NNPC Business", z podtytułem "Upstream Ventures", a następnie "Gas Production", dostępny na stronie http://nnpcgroup.com/NNPCBusiness/UpstreamVentures/GasProduction.aspx w dniu 19 listopada 2017 r.

Obszar strony głównej NNPC na "NNPC News & Update", z dopiskiem "NNPC okays Olokola- projekt LNG", dostępny na stronie http://nnpcgroup.com/PublicRelations /NPCinthenews/tabid/92/articleType/ArticleView/articleId/213/NNPC-okays-Olokola-LNG-project.aspx dostępny od 19 listopada 2017 roku.

Obszar strony głównej ONZ na "Wydziale Statystycznym" Departamentu Spraw Gospodarczych i Społecznych ONZ (UNDESA), zatytułowany "Welcome to the Sustainable Development Goal Indicators Website" (Witamy na stronie internetowej dotyczącej wskaźników zrównoważonego rozwoju), dostępny pod adresem https://unstats.un.org/sdgs/ w dniu 18 września 2017 r.

Obszar strony głównej UNEP zatytułowany "Zrównoważone wykorzystanie zasobów", z podtytułem "Przegląd", zajmujący się tematem "Zrównoważona konsumpcja i produkcja", znajduje się na stronie https://www.unep.org/resource efficiency/what-we-do/overview (efektywność/what-we-do/overview) dostępnej dnia 17 września 2017 r.

Artykuł zatytułowany "UK Government National Sustainable Development Indicators Updated", dostępny na stronie internetowej http://www.actionsustainability.com/news/105/UK-Government-National-Sustainable-Development-Indicators-Updated/ w dniu 18 września 2017 r.

Publikacja w gazecie *BusinessDay*, autorstwa E. Ese, z dopiskiem "FG to Unveil New Vision for Niger Delta - Osinbajo", z dnia 11 lutego 2017 r., dostępna na stronie https://www.businessdayonline.com/fg-unveil-new-vision-niger-delta-osinbajo/ w dniu 11 lutego 2017 r.

Publikacja internetowa *BusinessDay autorstwa* A. Udonquaka z dnia 9 kwietnia 2017 r., zatytułowana "Delta Nigru niecierpliwie oczekuje na działanie GF w sprawie 16-punktowego zapotrzebowania na PANDEF", dostępna na stronie http://www.businessdayonline.com/niger-delta-anxiously-awaits-fgs-action-pandef-16-point-demand/ w dniu 28 stycznia 2018 r.

Cambridge Dictionary on 'Conservation', dostępny na stronie https://dictionary.cambridge.org/dictionary/english/conservation dostępny od 16 lutego 2018 roku.

D. S. P. Alamieyeseigha, "The Environmental Challenge of Developing the Niger Delta", str. 2-3, dostępny na stronie http://www.gasandoil.com/news/africa/dc 25fd9a4f269db32cbd840c81556edb, dostępny od 1 września 2017 r.

Publikacja gazety *Daily Trust autorstwa D.* Adugbo, zatytułowana "Nigeria's multi-billion dollar gas projects linger on", z dnia 20 marca 2017 r., dostępna na stronie https://www.dailytrust.com.ng/news/business/nigeria-s-multi-billion-dollar-gas-projects-linger-on/189955.html od 19 listopada 2017 r.

DPR "Guidelines and Requirements for the Application of Oil and Gas Industry Service Permits (OGISP)", wydanie z 2017 r., dostępne na stronie https://dpr.gov.ng/index/wp-content/uploads/2017/02/LP-GUIDELINES-2017.pdf w dniu 31 stycznia 2018 r.

Angielskie słowniki oksfordzkie na temat "Conservation", znajdujące się na stronie https://en.oxforddictionaries.com/definition/nature_conservation, dostępne w dniu 16 lutego 2018 r.

English Oxford Living Dictionaries, pod adresem https://en.oxforddictionaries.com/ definicja/zrównoważony rozwój, dostęp: 22 stycznia 2018 r.

Strona główna IAIA, znajdująca się pod adresem http://www.iaia.org/, dostępna od 20 lutego 2018 r.

Strona główna OKLNG, znajdująca się pod adresem http://oklng.com/, została udostępniona 19 listopada 2017 roku. Zobacz również publikację O. Oredein, zatytułowaną "Chevron Nigeria wycofuje się z projektu Olokola LNG", dostępną na stronie http://www.gasprocessingnews.com/news/chevron-nigeria-withdraws-from-olokola-lng-project.aspx 19 listopada 2017 r.

Przemówienie inauguracyjne Kofiego Annana z dnia 28 lipca 1997 r., wygłoszone na Międzynarodowej konferencji ONZ na temat zarządzania na rzecz zrównoważonego wzrostu i sprawiedliwości, która odbyła się w Nowym Jorku w dniach 28-30 lipca 1997 r., dostępne na stronie http://www.un.org/press/en/1997/19970728.SGSM6291.html w dniu 12 lutego 2018 r.

L. S. Pyagbara, "The Adverse Impacts of Oil Pollution on the Environment and Wellbeing of a Local Indigenous Community: The Experience of the Ogoni People of Nigeria", będące prezentacją na spotkaniu międzynarodowej grupy ekspertów ds. ludności tubylczej i ochrony środowiska, które odbyło się w Chabarowsku w Rosji w dniach 27-29 sierpnia 2007 r., dostępne na stronie http://www.un.org/esa/socdev/unpfii/documents/workshop_IPPE_pyagbara.doc w dniu 20 listopada 2017 r.

M. E. Ikehi, "Perceived Impacts of Climate Change on Agricultural Production in Niger Delta Region of Nigeria", Virtual Library, University of Nigeria, Department of Vocational Teacher Education, Faculty of Education, maj 2014 r., dostępne na stronie http://www.unn.edu.ng/publications/files/IMPACTS%20OF%20CLIMATE%20CHNAGE.pdf dostępnej od 20 listopada 2017 r.

Nowa gazeta *Telegraph* z 8 września 2017 r., autorstwa E. Mashy, z napisem "Clean-up: MOSOP domaga się odpowiedzialności od HYPREP", dostępnego na stronie https://newtelegraphonline.com/2017/09/clean-mosop-demands-accountability-hyprep/ 24 stycznia 2018 roku.

Nowa publikacja gazety *Telegraph* z dnia 21 listopada 2017 r. autorstwa S. A. Yusufa, zatytułowana "HYPREP raallyies Ogoni communities for clean-up", znajdująca się na stronie https://newtelegraphonline.com/2017/11/hyprep-rallies-ogoni-communities-clean/, dostępna od 24 stycznia 2018 r.

Oficjalna strona internetowa NESREA, znajdująca się pod adresem http://www.nesrea.gov.ng/, dostępna od 30 sierpnia 2017 roku.

Pearson T. R. H, Brown S., Murray L. i Sidman G., "Greenhouse Gas Emissions from Tropical Forest Degradation. An Underestimated Source", dostępny na stronie https://www.ncbi.nlm.nih.gov/pmc/articles/PMC5309188/ 23 lutego 2018 roku.

Publikacja w gazecie *Premium Times* z dnia 14 grudnia 2016 r., autorstwa B. Udo, opatrzona napisem "Nigeria to begin new funding arrangement for oil, gas joint venture", dostępna na stronie https://www.premiumtimesng.com/business/business-news/217990-nigeria-begin-new-funding-arrangement-oil-gas-joint-ventures.html w dniu 21 września 2017 r.

Wydawnictwo *Premium Times*, autorstwa S. Ogundipe, z dnia 09 lutego 2017 r., opatrzone napisem "Rivers govt, mieszkańcy wyrażają zaniepokojenie czarnym węglem w atmosferze Port Harcourt", dostępne na stronie http://www.premiumtimesng.com/ regional/south-south-regional/223086-rivers-govt-residents-express-concern-black-carbon-port-harcourt-atmosphere.html dostępne na stronie 19 września 2017 r.

Publikacja gazety *Premium Times* z dnia 24 grudnia 2016 r., opatrzonej napisem "Oil bunkering, theft, piracy reduce in Niger Delta - Nigerian Navy" (Bunkrowanie ropy naftowej, kradzieże, piractwo zmniejszone w delcie Nigru - Marynarka Wojenna Nigru), dostępna na stronie https://www.premiumtimesng.com/news/218855-oil-bunkering-theft-piracy-reduce-niger-delta-nigerian-navy.html dnia 30 września 2017 r.

Gazeta *Premium Times*, autorstwa N. Ibekwe'a, z napisem "Buhari ustanawia radę zarządzającą, radę powierniczą do sprzątania Ogoni", z dnia 30 lipca 2016 r., dostępna na stronie http://www.premiumtimesng.com/regional/south-south-regional/207818-buhari-sets-governing-council-board-trustees-ogoni-clean.html od 17 września 2017 r.

Gazeta *Premium Times*, z dnia 1 kwietnia 2017 r., zatytułowana "Illegal Niger Delta Delta" (Nielegalne rafinerie ropy naftowej w Nigrze produkujące 1000 baryłek ropy naftowej dziennie - NNPC), dostępna na stronie http://www.premiumtimesng.com/news/top-news/227677-illegal-niger-delta-refineries-produce-1000-barrels-oil-daily-nnpc.html w dniu 1 sierpnia 2017 r.

Komunikat prasowy opublikowany w centrum informacyjnym UNEP na stronie głównej UNEP z dnia 2 czerwca 2016 r., opatrzony napisem "Nigeria uruchamia program oczyszczania i przywracania do stanu sprzed katastrofy Ogoniland o wartości 1 mld USD", z podtytułem "Rząd, społeczności i przemysł naftowy zobowiązują się do wdrożenia zaleceń raportu UNEP", dostępnym na stronie http://www.unep.org/newscentre/nigeria-launches-1-billion-ogoniland-clean-and-restoration-programme w dniu 12 sierpnia 2017 r.

Publikacja autorstwa I. Izeze, "Brass LNG. Re-Streaming Divided JV Partners", dostępna na stronie http://www.gamji.com/article6000/NEWS7563.htm 14 stycznia 2018 roku.

Publikacja autorstwa J. Campbella (Ralph Bunche Senior Fellow for Africa Policy Studies, Council on Foreign Relations, New York, USA), opatrzona tytułem "Oil Pollution in the Niger Delta: Whose Fault?", dostępny na stronie http://www.huffingtonpost.com/amb-john-campbell/oil-pollution-in-the-nige_b_684608.html 30 września 2017 roku.

Publikacja autorstwa M. Eboha z gazety *Vanguard*, zatytułowana "How FG made Brass, OKLNG projects fail - Gaius-Obaseki, others", datowana na 14 marca 2017 r., dostępna na stronie https://www.vanguardngr.com/2017/03/fg-made-brass-oklng-projects-fail-gaius-obaseki-others/ 19 listopada 2017 r.

Publikacja zatytułowana "Agenda 21: Streszczenie", dostępna na stronie http://archives.studentscommission.ca/enviro/ag16to21_e.html w dniu 24 września 2017 r.

Publikacja zatytułowana "Industry Overview" (Przegląd branżowy), dostępna na stronie http://www.psac.ca/business/industry-overview/ w dniu 21 listopada 2017 r.

Publikacja zatytułowana "Request for Proposals (RFP) for ESHRG Baseline Study in Ogoniland (Nigeria)", z dnia 23 marca 2017 r., dostępna na stronie internetowej Międzynarodowego Stowarzyszenia na rzecz Oceny Skutków (IAIA) https://www.iaia.org/pdf/communityconnect/170322%20ToR%20-%20RFP%20Ogoni%20Baseline%20Study.pdf w dniu 21 stycznia 2018 r.

Publikacja zatytułowana "The Brass LNG Project", znajdująca się na stronie http://members.igu.org/old/gas-knowhow/publications/igu-publications/publications/mag/apr07/p177-201.pdf, dostępna od 19 listopada 2017 roku.

Publikacja w gazecie "National Accord", autorstwa A. L. Oseni, z dnia 27 listopada 2016 r., zatytułowana "Can local refinining address Nigeria's crude oil challenge?", dostępna na stronie https://nationalaccordnewspaper.com/can-local-refining-address-nigerias-crude-oil-challenge/ od 1 sierpnia 2017 r.

Publikacja informacji Nigeria, z dnia 17 czerwca 2015 r., zatytułowana "Tag Archives: Illegal Oil Bunkering", found at https://www.informationng.com/tag/illegal-oil-bunkering accessed on 30 September 2017.

Publikacja agencji informacyjnej *Reuters*, zatytułowana "Nigeria's Senate Launches Brass Brass Corruption ", dostępna na stronie https://www.reuters.com/article/ nigeria-gas-brass-lng-investigation/nigerias-senate-launches-brass-lng-corruption-investigation-idUSL4N1PJ498 w dniu 24 stycznia 2018 r.

Publikacja Sahara Reporterzy, z dnia 03 lutego 2017 r., zatytułowana "Dangerous But Lucrative: The Business of "Crude Oil Cooking" in the Niger Delta', found at http://saharareporters.com/2017/02/03/dangerous-lucrative-business-%E2%80%9Ccrude-oil-cooking%E2%80%9D-niger-delta accessed on August 01, 2017.

Publikacja *Sweet Crude*, autorstwa O. Onwuemenyi, z dnia 11 marca 2017 r., zatytułowana "Modular refineries as panacea for petroleum products challenges, illegal refining", http://sweetcrudereports.com/2017/03/11/modular-refineries-as-panacea-for-petroleum-products-challenges-illegal-refining/, dostępna w dniu 1 sierpnia 2017 r.

Publikacja "The *Arab Times*" z 2 lutego 2018 roku, zatytułowana "Shale production is booming as oil prices rise - Will it lead to less conventional investments?", dostępna na stronie http://www.arabtimesonline.com/news/shale-production-booming-oil-prices-rise-will-lead-less-conventional-investments/ 4 lutego 2018 roku.

Publikacja wiadomości z branży naftowej, podpis "Upstream, Midstream i Downstream - Understanding the Three Petroleum Markets", dostępna na stronie https://www.petro-online.com/news/fuel-for-thought/13/breaking_news/upstream_midstream_and_downstream_understanding_the_three_petroleum_markets/32165 w dniu 19 listopada 2017 r.

Publikacja WordPressa, zatytułowana "Of 'Illegal' Refineries and the criminalization of local ingenuity", dostępna na stronie https://nzesylva.wordpress.com/of-illegal-refineries-and-the-criminalization-of-local-ingenuity/ w dniu 1 sierpnia 2017 r.

Publikacja na temat Brass LNG Limited, dostępna na stronie https://www.vconnect.com/brass-lng-limited-eti_osa-lagos_b62836 w dniu 19 listopada 2017 r.

Publikacja *gazety Punch*, autorstwa F. Asu, z dnia 4 lipca 2017 r., zatytułowana "FG winien IOCs $1bn w wezwaniu gotówkowym JV", znaleziona na stronie http://punchng.com/fg-owes-iocs-1bn-in-jv-cash-call/n, dostępna w dniu 21 września 2017 r.

Sprawozdanie I. Gary'ego i T. L. Karla, dotyczące ubóstwa w Afryce, zatytułowane "Bottom of the Barrel: Africa's Oil Boom and the Poor's", Catholic Relief Services, czerwiec 2003 r., dostępne na stronie http://www.catholicrelief.org/get_involved/advocacy/ policy_and_strategic_issues/oil_report_full.pdf dostępnej 20 listopada 2017 r.

S. Buella, "Other Living Things Besides Plants and Animals", z dnia 25 września 2012 r., znaleziony na stronie https://prezi.com/kylnikxqcv3x/other-living-things-besides-plants-and-animals/, dostępny w dniu 16 lutego 2018 r.

Obszar strony internetowej "worldatlas" na temat środowiska naturalnego, zatytułowany "List of Greenhouse Gases", dostępny na stronie https://www.worldatlas.com/articles/list-of-greenhouse-gases.html, został udostępniony dnia 23 lutego 2018 r.

Obszar strony głównej EPA, zatytułowany "Greenhouse Gas Emissions", z podtytułem "Global Greenhouse Gas Emissions Data", fundusz pod adresem https://www.epa.gov/ghgemissions/global-greenhouse-gas-emissions-data, dostępny w dniu 23 lutego 2018 r.

Obszar strony głównej amerykańskiej Agencji Ochrony Środowiska (EPA) na temat "Environmental Topics", zatytułowany "Greenhouse Gas Emissions", z podtytułem "Overview of Greenhouse Gases", znajdujący się na stronie https://www.epa.gov/ghgemissions/overview-greenhouse-gases, dostępny od 23 lutego 2018 r.

Obszar strony głównej amerykańskiej EPA "Environmental Topics", zatytułowany "Climate Change Indicators", z podtytułem "Climate Change Indicators": Greenhouse Gases", dostępny na stronie https://www.epa.gov/climate-indicators/greenhouse-gases od 23 lutego 2018 r.

Obszar oficjalnej strony internetowej NESREA, zatytułowany "About Us", poświęcony misji, wizji i mandatowi Agencji, znajduje się pod adresem http://www.nesrea.gov.ng/about-us/ i jest dostępny od 30 sierpnia 2017 roku.

Obszar oficjalnej strony internetowej NESREA, zatytułowany "About Us", poświęcony misji, wizji i mandatowi Agencji, znajduje się pod adresem http://www.nesrea.gov.ng/about-us/ i jest dostępny od 30 sierpnia 2017 roku.

Artykuł zatytułowany "Wskaźniki zrównoważonego rozwoju: July 2015", na stronie głównej brytyjskiego Urzędu Statystyk Narodowych, dostępny na https://www.ons.gov.uk/peoplepopulationandcommunity/wellbeing/articles/sustainable developmentindicators/2015-07-13 w dniu 18 września 2017 roku.

Dokument zatytułowany "Wiwa v. Shell - Settlement Agreement and Mutual Release", opublikowany przez Amerykański Sąd Rejonowy dla Południowego Okręgu Nowego Jorku w dniu 8 czerwca 2009 r., dostępny jest na stronie https://ccrjustice.org/home/what-we-do/our-cases/wiwa-et-al-v-royal-dutch-petroleum-et-al w dniu 22 lutego 2018 r.

Encyklopedia Britannica dotycząca "Zatoki Gwinejskiej", znajdująca się na stronie https://www.britannica.com/place/Gulf-of-Guinea, dostępna w dniu 19 sierpnia 2017 r.

The Guardian newspaper publication by K. Ebiri, captioned 'Sloppy Pace of Ogoni Cleanup Angers Host Communities', dated 16 July 2017, found at https://guardian.ng/news/sloppy-pace-of-ogoni-cleanup-angers-host-communities/ accessed on 17 September 2017.

The Guardian newspaper publication, by T. Daka, dated 27 March 2017, captioned 'Presidency moves to transform illegal Niger Delta oil refineries', found at https://guardian.ng/news/presidency-moves-to-transform-illegal-niger-delta-oil-refineries/ accessed on 01 August 2017.

Strona domowa Nigeryjskiej Agencji Meteorologicznej (NMA), oficjalnego źródła wszystkich zdarzeń pogodowych w Nigerii, znajdujesię pod adresem http://www.nimet.gov.ng/. Dostęp do niej uzyskano 7 lutego 2018 r.

The New World Encyclopedia on 'River Niger', found at http://www.newworldencyclopedia.org/entry/Niger_River accessed on 19 August 2017.

The News Magazine, publication, by O. Ofiebor, captioned 'Strange Carbon Emissions Create Panic in Port Harcourt', dated December 10, 2016, found at http://thenewsnigeria.com.ng/2016/12/strange-carbon-emissions-create-panic-in-port-harcourt/ accessed on 17 September 2017.

Oficjalna strona internetowa NESREA, znajdująca się pod adresem http://www.nesrea.gov.ng/, została udostępniona 30 sierpnia 2017 roku.

Dokument końcowy Światowej Konferencji ONZ w sprawie Zrównoważonego Rozwoju (UNCSD - Rio+20), która odbyła się w Rio de Janeiro w Brazylii w dniach 20-22 czerwca 2012 r., zatytułowany "Future We Want - Outcome Document", dostępny na stronie internetowej https://sustainabledevelopment.un.org/rio20/futurewewant w dniu 14 stycznia 2018 r.

Publikacja zatytułowana "Skutki wzrostu emisji gazów cieplarnianych", dostępna na stronie https://whatsyourimpact.org/effects-increased-greenhouse-gas-emissions, została udostępniona w dniu 23 lutego 2018 r.

Publikacja zatytułowana "Mainstreaming the three dimensions of sustainable development throughout the United Nations system", znajdująca się w obszarze "Platformy wiedzy o zrównoważonym rozwoju" ONZ, na stronie https://sustainabledevelopment.un.org/unsystem/mainstreaming, dostępna w dniu 14 stycznia 2018 r.

Publikacja zatytułowana "Zasoby naturalne w Nigerii: The Full List + Locations", która znajduje się na stronie http://nigerianfinder.com/natural-resources-in-nigeria-the-full-list-locations/. Dostęp do niej uzyskano 21 listopada 2017 r.

Publikacja zatytułowana "What Is Sustainability and Why Is It Important?" (Co to jest zrównoważony rozwój i dlaczego jest ważny?), dostępna na stronie https://www.environmentalscience.org/sustainability, została udostępniona w dniu 22 stycznia 2018 r.

Raport z Konferencji Narodów Zjednoczonych w sprawie Zrównoważonego Rozwoju, Rio de Janeiro, Brazylia, 20-22 czerwca 2012 r., dostępny na stronie http://www.un.org/ga/search/view_doc.asp?symbol=A/CONF.216/16ang=E w dniu 14 stycznia 2018 r.

The Strategic Assessment Model (*SAM*), found at https://www.appa.org/Research/SAM/sam.pdf accessed on February 20, 2018.

Deklaracja Narodów Zjednoczonych (Brisbane) w sprawie zaangażowania Wspólnoty, 2005 r., dostępna na stronie http://static.qwad.com.au/iap2/files/ChapterResources_UNBrisbaneDeclarationCommunityEngagement.pdf w dniu 17 września 2017 r.

Publikacja gazety *ThisDay* z dnia 16 grudnia 2016 r., autorstwa C. Okafora, zatytułowana "FG Exits JV Cash Call Payments to IOCs", dostępna na stronie https://www.thisdaylive.com/index.php/2016/12/16/fg-exits-jv-cash-call-payments-to-iocs/ w dniu 21 września 2017 r.

Publikacja w gazecie *ThisDay*, zatytułowana "Why NNPC May Cancel Olokola LNG Project in Ogun, Ondo States", z dnia 3 stycznia 2017 r., dostępna na stronie https://www.thisdaylive.com/index.php/2017/01/03/why-nnpc-may-cancel-olokola-lng-project-in-ogun-ondo-states/ w dniu 19 listopada 2017 r.

Publikacja ONZ zatytułowana "The Sustainable Development Goals Report 2016", w obszarze strony internetowej ONZ na temat "Statistics Division" Departamentu Spraw Gospodarczych i Społecznych ONZ (UNDESA), dostępna na stronie internetowej https://unstats.un.org/sdgs/report/2016/ w dniu 18 września 2017 r.

Sprawozdanie roczne UNEP 2015 zatytułowane "Resource Efficiency and Sustainable Consumption and Production", 2015 r., dostępne na stronie http://www.unep.org/ annualreport/2015/en/resource-efficiency.html, dostępne w dniu 02 sierpnia 2017 r.

Publikacja w gazecie *Vanguard,* zatytułowana "HYPREP rozpoczyna wstępną ocenę stanu zdrowia w Ogoni", dostępna na stronie https://www.vanguardngr.com/ 2017/12/hyprep-begins-preliminary-health-assessment-ogoni/ dostępna w dniu 20 stycznia 2018 r.

Vanguardowa publikacja gazety zatytułowana "Ogoni clean-up: HYPREP zaczyna uczulać społeczności, na które oddziałuje", znalezioną na stronie https://www.vanguardngr.com/2017/06/ogoni-clean-hyprep-begins-sensitization-impacted-communities/, dostępną 20 stycznia 2018 roku.

Vanguardowa publikacja gazety z 07 sierpnia 2017 r., opatrzona napisem "Shell uwalnia 10 mln USD, Potwierdza zobowiązanie do sprzątania Ogoni", znaleziona na stronie http://www.vanguardngr.com/2017/08/shell-releases-10m-reaffirms-commitment-ogoni-cleanup/ dostępnej w dniu 07 sierpnia 2017 r.

Publikacja w gazecie "*Vanguard"* z dnia 5 sierpnia 2017 r., z napisem "Shell should not oversee Ogoni clean up -Civil rights group", dostępna na stronie http://www.vanguardngr.com/2016/08/shell-not-oversee-ogoni-clean-civil-rights-group/ w dniu 07 sierpnia 2017 r.

Publikacja w gazecie *Vanguard* z 30 grudnia 2017 r., autorstwa J. Agbakwuru, opatrzona napisem "Buhari podpisuje ustawę NDDC Act into law", znaleziona na stronie https://www.vanguardngr.com/2017/12/buhari-signs-nddc-act-law/, dostępna od 4 lutego 2018 r.

Vanguardowa publikacja gazety z 13 czerwca 2017 r., opatrzona napisem "Ogoni cleanup: Jesteśmy rozczarowani, nic się nie dzieje - Ken Saro-Wiwa Associates", znaleziony na stronie http://www.vanguardngr.com/2017/06/ogoni-cleanup-disappointed-nothings-happening-ken-saro-wiwa-associates/ dostępnej w dniu 07 sierpnia 2017 roku.

Publikacja w gazecie *Vanguard* z 15 czerwca 2017 r., opatrzona napisem "Dickson przeprowadza się do realizacji projektu LNG z mosiądzu o wartości 20 miliardów dolarów", dostępna na stronie https://www.vanguardngr.com/2017/06/dickson-moves-actualise-20bn-brass-lng-project/ 20 stycznia 2018 r.

Publikacja w gazecie *Vanguard* z 6 czerwca 2017 r., zatytułowana "Cleanup of Oil Producing Areas to Cost $50 Billion", znaleziona na stronie http://www.vanguardngr.com/2017/06/cleanup-oil-producing-areas-cost-50-billion/, dostępna w dniu 07 sierpnia 2017 r.

Vanguardowa publikacja gazety z dnia 16 listopada 2017 r., opatrzona napisem "Ogoni clean-up: HYPREP rozpoczyna wybór firm", dostępny na stronie https://www.vanguardngr.com/2017/11/ogoni-clean-hyprep-begins-selection-firms/ od 20 stycznia 2018 roku.

Publikacja w gazecie *Vanguard*, autorstwa L. Nwabughiogu, z dnia 27 marca 2017 r., zatytułowana "Delta Nigru": Buhari ukłony w stronę nacisku, ruchy w celu rozpoznania nielegalnych, lokalnych rafinerii", znaleziony na stronie http://www.vanguardngr.com/2017/03/niger-delta-buhari-bows-pressure-moves-recognize-illegal-local-refineries/, dostępny od 01 sierpnia 2017 roku.

Prawa i inne wytyczne prawne i regulacyjne, standardy, instrumenty polityki, deklaracje, uchwały, itd.

Konstytucja Federalnej Republiki Nigerii (FRN) z 1999 r. (z późniejszymi zmianami), sekcje 20, 33 ust. 1 i 34 ust. 1.

African Charter of Human and Peoples' Rights (Ratification and Enforcement) Act, Cap A9, Laws of the Federation of Nigeria (LFN) 2004 (Cap 10, LFN 1990), Articles 2, 4, 14, 16, 18(1), 21 and 24.

African Charter on Human and Peoples' Rights (Ratification and Enforcement) Act, Cap. A9, ustawy Federacji Nigerii (LFN) z 2004 r., art. 2, 4, 14, 16, 18 ust. 1, 21 i 24.

Deklaracja narodu egipskiego z Aklaki.

Dekret w sprawie spółek z 1968 r. (pozostający w mocy do momentu wejścia w życie Dekretu w sprawie spółek i spraw pokrewnych nr 1 z 1990 r.). The Companies Decree of 1968 is (with amendments) still the company law of Nigeria but it is now known as the Companies and Allied Matters Act (CAMA), Cap. 59 LFN 1990 R. W CHWILI OBECNEJ ZNANA JEST JAKO USTAWA O SPÓŁKACH I SPRAWACH POKREWNYCH (CAMA), CAP: Cap. C20, LFN 2004.

Deklaracja Karty Ratunkowej Ikwerre.

Deklaracja Karty Praw Delty Nigru.

Deklaracja Karty Praw Delty Nigru.

Żądanie pierwszej konferencji rdzennych kobiet w Delcie Nigru dla kobiet stanu Bayelsa.

Ustawa o EIA, LFN (2004) (zmienione wydanie dekretu EIA, dekret nr 86 z 1992 r., Cap. E12, LFN 2004, sekcje 1 lit. c), 2, 7, 17, 15, 16, 21, 24, 25, 26, 29, 32, 33, 36, 37, 38, 40, 43, 45, 55 i 61.

Ocena oddziaływania na środowisko (EIA) (Ustawa 86. 1992): Guidelines for Review of EIA Report, Abuja, Federalne Ministerstwo Środowiska.

Environmental Impact Assessment (EIA) Guidelines for Power Sector, Abuja, Federalne Ministerstwo Środowiska.

Wytyczne w sprawie oceny oddziaływania na środowisko (OOŚ) dla telekomunikacji, Abudża, Federalne Ministerstwo Środowiska.

Wytyczne proceduralne dotyczące oceny oddziaływania na środowisko, Abudża, FEPA, 1995.

Environmental Impact Assessment Sectoral Guidelines for Agriculture and Rural Development, Abuja, FEPA, 1995.

Wytyczne sektorowe w sprawie oceny oddziaływania na środowisko dotyczące infrastruktury, Abudża, FEPA, 1995 r.

Environmental Impact Assessment Sectoral Guidelines for Oil and Gas Industry Projects, Abuja, FEPA, 1995.

Wytyczne sektorowe dotyczące oceny oddziaływania na środowisko dla projektów w przemyśle naftowym i gazowym, Abudża, FEPA, 2013.

Wytyczne sektorowe dotyczące oceny oddziaływania na środowisko: Manufacturing Industries, Abuja, Federalne Ministerstwo Środowiska, 1995.

Akcja na rzecz praw środowiska naturalnego (ERA), *Blanket of Silence: Images of the Odi Genocide*, ERA/Friends of the Earth (FoE), Nigeria, 2002.

Dekret Federalnej Agencji Ochrony Środowiska (FEPA) (dekret nr 58 z 1988 r.), Cap. 131 LFN 1990, Cap F10 Laws of the Federation of Nigeria (LFN) 2004).

Dekret zmieniający FEPA, dekret nr 59 z 1992 r.

Wytyczne do ustawy o ocenie oddziaływania na środowisko (Ustawa 86. 1992): Sectoral Guidelines for Bitumen Exploration and Exploitation, Abuja, Federalne Ministerstwo Środowiska.

Wytyczne do ustawy o ocenie oddziaływania na środowisko (Ustawa 86. 1992): Sectoral Guidelines for Waste Management Facility, Abuja, Federalne Ministerstwo Środowiska.

Wytyczne do ustawy o ocenie oddziaływania na środowisko (Ustawa 86. 1992): Sectoral Guidelines for Dredging Activities, Abuja, Federalne Ministerstwo Środowiska.

Guidelines for Environmental Impact Assessment of Nuclear Power Plant Projects, Abudża, Federalne Ministerstwo Środowiska.

Deklaracja Kaiama, 1998.

Ustawa o Krajowej Agencji Egzekwowania Norm i Przepisów Środowiskowych (NESREA), 2007, sekcja 37.

National Guidelines for Environmental Audit in Nigeria, Abuja, FEPA, 2001.

Krajowe wytyczne dotyczące ustawy o ocenach oddziaływania na środowisko (Ustawa 86. 1992): Post Impact Assessment, Abuja, Federalne Ministerstwo Środowiska, 2013.

Krajowe wytyczne dotyczące ustawy o ocenach oddziaływania na środowisko (Ustawa 86. 1992): Sectoral Guidelines Mining, Abuja, Federalne Ministerstwo Środowiska.

National Guidelines for Environmental Management System in Nigeria, Abuja, FEPA, 1999; National Guidelines for Environmental Audit in Nigeria, Abuja, FEPA, 1999.

National Guidelines for Restoration of the Environment friendly Products and Eco-Labelling, Abudża, Federalne Ministerstwo Środowiska, 1999 r.

National Guidelines for Spilled Oil - Fingerprinting, Abuja, Federalne Ministerstwo Środowiska, 2001.

National Guidelines for Standards for Water Quality in Nigeria, Abuja, Federalne Ministerstwo Środowiska.

National Guidelines on Environmental Management System in Nigeria, Abuja, FEPA, 2001.

National Guidelines on Environmental Management System in Nigeria, Abuja, Federalne Ministerstwo Środowiska, 2013.

National Guidelines on Waste Disposal through Underground - Injection, Abuja, Federalne Ministerstwo Środowiska, 1999.

National Policy on the Environment (Revised Edition), Abuja, FEPA, 1999.

Nowe Partnerstwo dla Rozwoju Afryki (NEPAD) Plan działania na rzecz inicjatywy w zakresie ochrony środowiska. 2003. Midland: NEPAD (NEPAD - NOWE PARTNERSTWO DLA ROZWOJU AFRYKI).

Ustawa o zmianie ustawy o Komisji RozwojuDelty Nigru (Ustanowienie), 2017 r.

Master Plan Rozwoju Regionalnego Delty Nigru, Port Harcourt, Komisja Rozwoju Delt Nigru, 2006.

Niger-Delta Development Commission (Establishment, etc.) Act (otherwise referred to as the "NDDC Act"), No. 6 LFN 2000, Cap N86, LFN 2004, Sections 2 (1) (b) and 4.

Niger-Delta Development Commission (Establishment, etc.) Act, No. 6 LFN 2000, Cap. N86 LFN 2004, sekcje 2 (1) (b) i 4.

Nigeria LNG (Fiscal Incentives, Guarantees and Assurances) Act of 24 April 1989 (now the Nigeria LNG (Fiscal Incentives, guarantees and Assurances) Act, Cap N87, LFN 2004).

NigeryjskaAgenda Narodowa 21, Abudża, FEPA, 1999.

Ogoni Bill of Rights, 1990.

Ustawa o rurociągach naftowych z 1956 r. (Cap. 145 wydania Ustaw Nigerii z 1958 r., obecnie Ustawa o Rurociągach Naftowych (Oil Pipelines Act), Cap. 07 LFN 2004.

Oron Bill of Rights.

Ropa naftowa (specjalna) ustawa o funduszu powierniczym, 1993/1994 (Cap P14, LFN 2004)

Dekret w sprawie ropy naftowej z 1969 r. (obecnie Petroleum Act, 1969, Cap P10, LFN 2004.

Rezolucja pierwszego szczytu gospodarczego w Urhobo.

Deklaracja z Rio w sprawie środowiska i rozwoju, 1992, zasady 1, 8 i 10.

Gospodarczy Komitet Doradczy ds. Rzeki, "Korytarz rozwoju delty Nigru": Masterplan koncepcyjny", Port Harcourt, Państwowy Komitet Doradczy ds. Gospodarczych Rzeczy, 2011.

Gospodarczy Komitet Doradczy Rivers, "Petroleum Industry Bill 2008: The Official Position of the Government of Rivers State with Recommended Amendments", Port Harcourt, Rivers State Economic Advisory Council, 2009.

Gospodarczy Komitet Doradczy Rivers, "Petroleum Industry Bill 2012: The Official Position of the Government of Rivers State with Recommended Amendments", Port Harcourt, Rivers State Economic Advisory Council, 2012.

Technical Committee on the Niger Delta, "Report of the Technical Committee on the Niger Delta", Abudża, Technical Committee on the Niger Delta, November 2008.

Konstytucja Republiki Południowej Afryki, 1996 (zmieniona), sekcja 24.

Konwencja o dostępie do informacji, udziale społeczeństwa w podejmowaniu decyzji oraz dostępie do sprawiedliwości w sprawach dotyczących środowiska (inaczej zwana "Konwencją z Aarhus o udziale w sprawach dotyczących środowiska"), sporządzona w Aarhus, Dania, w dniu 25 czerwca 1998 r.

The Shell Petroleum Development Company Nigeria Limited, "Accompanying Guidelines for SPDC EIA Process: STAKEHOLDER IDENTIFICATION AND INVOLVEMENT". SPDC 2004-0002710, Vol. I, Shell Petroleum Development Company Nigeria Limited, 2004.

The Shell Petroleum Development Company Nigeria Limited, "Accompanying Guidelines for SPDC EIA Process: SCOPING. SPDC 2004-0002711, Vol. II, Shell Petroleum Development Company Nigeria Limited, 2004.

The Shell Petroleum Development Company Nigeria Limited, "Accompanying Guidelines for SPDC EIA Process: DATA COLLECTION". SPDC 2004-0002712, Vol. III, Shell Petroleum Development Company Nigeria Limited, 2004.

The Shell Petroleum Development Company Nigeria Limited, "Accompanying Guidelines for SPDC EIA Process: REPORT REVIEW". SPDC 2004-0002713, Vol. IV, Shell Petroleum Development Company Nigeria Limited, 2004.

The Shell Petroleum Development Company Nigeria Limited, "Accompanying Guidelines for SPDC EIA Process: PREPARATION AND IMPLEMENTATION OF ENVIRONMENTAL MANAGEMENT PLAN. SPDC 2004-0002714, Vol. V, Shell Petroleum Development Company Nigeria Limited, 2004.

The Shell Petroleum Development Company Nigeria Limited, "Environmental Impact Assessment (EIA) Process": STAKEHOLDERS' GUIDE", Document No. SPDC 2003-069. Rumuobiakani, Port Harcourt: Shell Petroleum Development Company Nigeria Limited, 2003.

Deklaracja ONZ z Brisbane w sprawie zaangażowania społeczności, 2005 r. (złożona na "Międzynarodowej konferencji w sprawie zaangażowania społeczności": Inicjatywa Narodów Zjednoczonych i rządu Queensland", która odbyła się w Centrum Kongresowo-Wystawienniczym Brisbane w Queensland, Australia, w dniach 15-17 sierpnia 2005 r.).

Konwencja Europejskiej Komisji Gospodarczej Organizacji Narodów Zjednoczonych (EKG ONZ) o dostępie do informacji, udziale społeczeństwa w podejmowaniu decyzji oraz dostępie do sprawiedliwości w sprawach dotyczących środowiska (znana również jako Konwencja z Aarhus), przyjęta w dniu 25 czerwca 1998 r. w duńskim mieście Aarhus, na czwartej konferencji ministerialnej w ramach procesu "Środowisko dla Europy".

The Willink Commission, *NIGERIA Report of the Commission Appointed to Enquire into The Fears of Minorities and The Means of Allaying Them,* London, Her Majesty's Stationery Office (HMSO), (Port Harcourt, Southern Minorities Movement), 1958, str. ii, 51-52 i 94.

Agenda ONZ nr 21, rozdział 36.

Rezolucja 217 A (III) Zgromadzenia Ogólnego ONZ z dnia 10 grudnia 1948 r., zatytułowana "Powszechna Deklaracja Praw Człowieka".

Rezolucja Zgromadzenia Ogólnego ONZ 47/135 z dnia 18 grudnia 1992 r., zatytułowana "Deklaracja o prawach osób należących do mniejszości narodowych lub etnicznych, religijnych i językowych".

Deklaracja Milenijna ONZ złożona (za pośrednictwem rezolucji 55/2 Zgromadzenia Ogólnego ONZ z dnia 8 września 2000 r.) na Szczycie Milenijnym ONZ w dniach 6-8 września 2000 r.

Milenijne Cele Rozwoju ONZ (SDG).

Cele ONZ w zakresie zrównoważonego rozwoju (SDG), cele trzy, jedenaście i trzynaście.

Powszechna Deklaracja Praw Człowieka (UDHR), 1948, art. 24, 25, 28 i 30.

USA National Environmental Policy Act (NEPA), 1969.

Warri Accord.

ROZSTRZYGANE SPRAWY SĄDOWE I INNE ROZSTRZYGANE SPRAWY

AG Lagos State przeciwko AG Federation (2003) FWLR, pkt 168, s. 909.

Elliff przeciwko Texon Drilling Co. 210 S. W. 2d 558 (Tex. 1948).

Jonah Gbemre przeciwko The Shell Petroleum Development Company Nigeria Ltd (SPDC) i 2 Ors (FHC/B/CS/53/05).

Ken Wiwa i inni, przeciwko Brian Anderson i inni, sprawa nr 01 Civ. 1909 (KMV) (HBP) (S.D.N.Y.).

Kokoro-Owo przeciwko Rządowi Państwowemu Lagos (1995) 6 NWLR 760 na 765.

*Oronto Douglas przeciwko The Shell Petroleum Development Company of Nigeria Limited & Ors [*1999] 2 NWLR, s. 466-475, w szczególności s. 466-467).

*Social and Economic Rights Action Centre (SERAC) & Anor przeciwko Nigerii (*2001) AHRLR 60 (ACHPR 2001), komunikat 155/96, decyzja podjęta na 30. sesji zwyczajnej, październik 2001, 15. roczne sprawozdanie z działalności ACHPR.

Arbitraż *Huty Szlakowej* (1931-1941), Arb. Trib., 3 UN RIAA, 1905 (1941).

Wiwa et al., przeciwko Royal Dutch Petroleum Company, et al., sprawa nr 96 Civ. 8386 (KMW) (HBP) (S.D.N.Y.).

Wiwa przeciwko Shell Petroleum Development Company of Nigeria Limited (SPDC), 04 Civ. 2665, (S.D.N.Y.).

INDEX

P

R

S

T

FSC
www.fsc.org
MIX
Papier | Fördert gute Waldnutzung
FSC® C083411

Kolibri 360 GmbH
Ferdinand-Jühlke-Straße 7
99095 Erfurt, Deutschland
produktsicherheit@kolibri360.de

Druck:
CPI Druckdienstleistungen GmbH
im Auftrag der
Kolibri 360 GmbH
Ferdinand-Jühlke-Str. 7
99095 Erfurt